MILJAMA DALEKO

MILJAMA DALEKO

Ivo Torbica

Globland Books

Svi smo mi na neki način ratnici, koji za ljubav i pravdu ginemo, iako često u toj borbi padnemo. Najčešće nas drugi namerno saplići, dok nam nama bitni i voljeni pružaju svoju ruku, da bismo ponovo ustali. Nakon pada nam često ostaju otvorene rane, koje se teško zacele.

Uvek za nečim čeznemo i u toj čežnji tiho i neprimetno patimo. Neretko osetimo setu za nečim što je prošlo i prohujalo, ali se sa radošću svega toga sećamo i odajemo mu počast.

Ljubav je naša dadilja i zvezda vodilja. Dok je nje, ima nade za ovaj svet koji zna, i te kako, da bude siv i nepravedan prema svima nama.

Ispred vas je moja druga zbirka pesama, kroz koju su, uz niti jakih emocija, ali i delove psihologije, protkane teme poput ljubavi i optimizma, ali i one životne. Sve su one sastavni deo naših ličnosti i ispunjavaju naš duh, a bez njih naš život ne bi imao smisla i svrhu.

Nadam se da ćete uživati u čitanju ove knjige.

Autor

Pij iz zajedničke čaše, ali isključivo iz one u svom domu. Sve druge gase neku tuđu žeđ.
U tom slučaju, koristi samo svoju čašu i doziraj gutljaje po potrebi, jer ti se tako može.

*Kakav svet u kom živimo,
takvo i stanje duha.*

I

Ljubav je zvezda vodilja

ZAKUCAJ

Zakucaj na vrata ove duše
I zagrli je čvrsto i snažno,
Kao što snegovi
Grle vrh najviše planine.

Ukradi ponovo ovo hladno srce,
Hladno, poput najhladnije sante leda.
Otopi ga emocijama čistim,
Onako kako ti samo znaš i umeš.

I zbog toga ne zažali,
Jer u plamenu ovih čežnji
Skoro da smo izgoreli
I postali pepeo
Koji se više ne pretvara u feniks pticu,
Onu istu, koja nastavlja
Da se bori i ponovo voli.

Ne žali,
Jer u suprotnom,
Običan smo pepeo,
Poput onog rasutog, u plavom moru,
Na kraju naše konačne plovidbe i luke.

Već tada,
Kad postanemo zrno ničega,
Sve će biti prekasno,
A naše reči potrošene i uzaludne!

LJUBAV

Ljubavi nema, dok srce ne zaigra
Kada razum snažnu strast nadigra

Sjaja nema, bez iskrene duše
Kada se na nas emocije obruše

Usne se tad sa usnama spajaju
A zaljubljena tela ne odvajaju

Dodiri skoro nikada ne prestaju
I dvoje kao jedno zauvek postaju

U ljubavnom plesu zajedno dišu
Tkajući snove, dok roman pišu!

LJUBAVNA PESMA

Nasloni te lepe usne na ove moje,
Dok nam život zajednički put kroji.
Sada tela prestaju dodire da broje,
A srce da sluti, čezne i da se boji!

Nasloni svoju glavu na ove grudi
I zaboravi na sve strepnje i tuge.
Od ljubavi i sreće postanimo ludi —
Naših strasti i pogleda, verne sluge!

Prisloni svoje nežno lice na ovo moje,
I zavedi me, opet, carskom lepotom.
Uživajmo u strastima koje se roje,
Večno opijeni nežnošću i dobrotom!

Prebaci duge noge preko kolena mog,
Kad ti, neumorno, mrsim bujne kose.
Jer i dalje sam željan mirisa tela tvog,
Koje je, poput svile, damasta i rose!

KOSA

Stojiš ispred mene i gledam tvoju kosu;
Dugu i bujnu kosu, boje kestena i hrasta.
Pogled sa nje ne skidam u svom zanosu,
Radujući joj se, kao proleću prva lasta!

Njeni mirisi me više ne vode u bespuća.
Neumorna duša joj već sada u zagrljaj hrli.
U svojim namerama je postala svemoguća,
Jer ne prestaje strastveno da voli i da grli!

Takvu kosu mrsim i neprekidno ljubim.
Pod ovim prstima je kao najfiniji damast.
Želeći da usne na nju što više priljubim,
Ovaj tren krasi najlepših boja kontrast!

NIKADA PREVIŠE

Nikada tvoje ljubavi dosta i previše
Jer te u sebi čuvam i volim najviše

Nikada tvoje lepote meni dovoljno
Koja na moju dušu deluje povoljno

Nikada sit tvog vedrog i čistog lica
Bez kog sam jedna obična lutalica

Nežnih dodira uvek će mi biti malo
Jer što je moglo dati, srce ti je dalo

Tako će ostati do kraja naših života
Dok bude trajala ljubav i divota!

VIDIŠ LI

Vidiš li koliko te samo moje srce želi
Srce, koje bi sa tvojim sve da deli

Usahle usne, koje uporno traže tvoje
Jer se ničega ne stide, niti se boje

Čuješ li, draga, duboke uzdisaje moje
Dok gledam zanosno te oči tvoje

Strast se nikada sakriti ne može
Jer se emocije neprekidno množe

Zaplešimo zajedno sa željama istim
Našim namerama iskrenim i čistim!

ZAGRLI ME

Zastani. Zagrli me snažno
I odbacimo sve ono lažno.

Emocije uvek iskreno pokažimo,
Čistu i obostranu ljubav osnažimo.

Nove i uzbudljive strasti istražimo,
U namerama se uvek odvažimo.

Jer srca dva, sada, kao jedno, kucaju
Dok emocije, kao zvezde, svetlucaju.

Nežni dodiri neka nikada ne prestanu,
A obostrani interesi da se uvek sastanu.

Kao najlepši leptir, na rame mi doleti
I u ljubavi se ne prestajmo voleti.

Sve što imamo reći, bez ustezanja, kažimo
Dok, rečima istine, dušu i srce blažimo.

Kada je ljubav velika, iskrena i prava,
Ona se čuva i nikada se ne proverava.

Zbog toga, zagrli me još snažnije i jače,
Da strasti i čežnje nikada ne prosjače.

Jer ljubavne sirotinje su najveće žalosti i tuge,
Kada postanemo hladnih emocija prosjaci i sluge!

NE GOVORI

Ne govori mi ništa, dok me tako gledaš;
Tim zanosnim pogledom, koji dušu leči.
Zaljubljenom srcu, bezuslovno, pripadaš,
I nisu im potrebna suvišna pitanja i reči!

Ništa mi ne kazuj, dok te strasno grlim;
Željnim rukama, po nežnom vratu tvom.
Jer, već sada, u tvoje srce snažno hrlim,
Koje je od prvog dana bilo u ovom mom!

Od strasti i požuda, poput plamena, gorimo,
I ljubavnom zanosu nikada ne poželimo kraj.
Dok naše usne vrelim poljupcima dvorimo,
Duše nam krasi mirisna bašta i ljubavni raj!

POTRAŽI ME

Potraži me u čežnjama i svojim snovima
U mislima čestim i emotivnim balovima

Na mestima gde gore ljubavni plamenovi
Gde su najlepše livade, izvori i jablanovi

Potraži me tamo gde se ljubavi i strasti roje
Na mestu gde se duše grle i ničeg se ne boje

U kutku najlepših trenutaka, bez zaborava
Gde momenat večno traje, a vreme usporava

Potraži me na javi i ja ću tada biti kraj bića tvog
Kada, konačno, tvoje srce postane deo ovog mog!

OTKRIJ MI SVOJE TAJNE

Otkrij mi, mila, sve svoje tajne
One najlepše, samo tebi znane
Sve one skrivene žudnje bajne

Otkrij mi sve što ti leži na duši
Ono što te grebe i uporno boli
Sve tuge, sete i ono što te guši

Otkrij mi sve tajne svoga srca
One duboke, emotivne i čiste
Kako bi prestalo da pati i grca

Otkrij mi sve, jer nemir se deli
Čujem te, čak i kada često ćutiš
Pogledaj me i loše iz sebe iseli

Udvoje se sve može prebroditi
Bez plača, suza i otvorenih rana
I krenimo jedno drugom goditi!

NE SKRIVAJ LJUBAV

Ne skrivaj od mene čiste namere svoje
I uvek kaži šta na tvojoj sanjivoj duši leži,
Kada, od uzbuđenja, koža zna da se naježi!

Ne skrivajmo ljubav, kojoj toliko hitamo.
Dok se pogledi od čežnji i strasti lede,
Najlepši trenuci u našim životima slede!

Daj mi, napokon, to zaljubljeno biće svoje.
Ne drhti, već me poljubi usnama usahlim.
Radujmo se ljubavi i emocijama dospelim!

Jedno od drugog odustati nikada ne smemo,
Jer srce i duša ne umeju laž i boli da krase.
Znaju da, sve što je hladno, uklone i da ugase!

TRENUTAK SAMO

Jedan sekund i trenutak treba samo
Da se, najzad, jedno drugom damo.

Pogledi ti od mene uporno skreću,
Iako se dva srca neumorno susreću.

Dozvolimo našim telima da se grle,
Dok ka tvom biću strasni dodiri hrle.

Ugrejmo duše, postelju i naše noći;
Oduprimo se sumnjama i hladnoći!

Prepustimo se važnom času i trenu,
Kad vreli poljupci ka usnama krenu!

Počnimo se voleti i neumorno ljubiti,
Dane sreće i radosti za oboje brojiti!

AKO JE GREH VOLETI

Ako je greh strasno grliti i voleti
Toj nestvarnoj lepoti ne odoleti
Kada se pogled ukoči i zaledi
I srce snažnu emociju naredi

Ako je greh svoju dušu probuditi
Iskrenu ljubav i strast ponuditi
Kada pamet počne da se gubi
I moje biće prestane da dangubi

Ako je greh ljubiti vrele usne
U trenu, kada me čežnja zapljusne
Kada ruke krenu u veliki pohod
Jer je zaljubljenost jedini povod

Ako je greh grliti, ljubiti i voleti
U plamenu strasti večno goreti
Neka me kazne i uporno sude
Lomeći mi srce prepuno požude!

DVOJE

Za nas dvoje još uvek ima snova i nade,
Jer ne dopuštamo da nam se srca hlade.

Još uvek jedno drugom imamo štošta reći,
Vodeći se ka ljubavi, emociji i sreći.

Opijeni čežnjama i ljubavnim zanosom,
Branimo naš odnos čistotom i prkosom.

Sve ono loše ostavimo zauvek iza nas,
Jer je za naša bića važan samo ovaj čas.

Dok baklja ljubavi snažnim plamenom gori,
Našu barku sreće pokreću mirisni lahori...

AKO TE NAPUSTE SVI

Ako te jednoga dana napuste svi
I prestanu najlepše igre i balovi,
Na ovom svetu nećeš biti sama
I za mene ćeš uvek biti dama.

Žena koja za mene ostaje najveća,
Topla i mirisna, poput proleća,
Jer to, najmanje, zaslužila ti si,
Jer nikada beskarakterna bila nisi.

Voljeno biće ne prestaje da se voli
I nikada se za ljubav ne prosi i moli.
Poljupci se tada uporno nižu i broje,
Dok se čežnje i strasti neprestano roje.

Ako te ikada napuste svi, ti ne brini,
Nego još više vrata svoje duše odškrini.
Zagrli me snažno, ne štedeći poljupce.
Plešimo zajedno i ljubimo se, uzastopce!

U SVOM SRCU

Kojim god putem da krenem
Nosim te uvek u svome srcu
Jer bez tebe patim i venem
I u patnjama nemam granicu

Na svakom ćošku vidim tebe
Tvoje oči, lepo i nežno lice
Bez te lepote sve me grebe
Dok nemira nastaju bujice

Moga života si svetla strana
Deo zaljubljene i setne duše
Bez tvog osmeha je rastrgana
Kada čežnje krenu da guše

Ne krij nikada strast od mene
I daruj mi usne, kosu čudesnu
Zagrljaje i samo reči iskrene
Kada se uzdasi u nas utisnu!

JOŠ TE OSEĆAM

Još uvek te čujem i osećam —
U mirisu čempresa,
U dašku toplog juga,
Sivim oblacima, što kišu spremaju,
U huku one zelene reke,
Pored koje smo, koliko do juče, šetali.

Vidim te i osećam —
U zori, koja budi novi dan,
U sutonu, koji prva svetla pali,
U grumenu ove rodne zemlje,
Što najlepše plodove rađa!

Kada se na staroj katedrali
Budu čula dobro znana zvona,
Pošalji mi neku poruku ili znak.

I već, u tom času,
Stvoriću se pored bića tvog,
Jer ništa mi drugo nije važno!

Pruži mi svoju ruku, makar još jednom,
I pobegnimo, na tren, od ljudi i pogleda.

IVO TORBICA

Kreni i plovi sa mnom, poslednji put,
Jer se na našem brodu zajedničkih snova
Još uvek čuju najlepših ptica poj!

KORACI U NOĆI

Hodamo zagrljeni, u vreloj letnjoj noći,
Držeći se za ruke, dok su tela pripijena.
Tako nastavljamo, čak i nakon ponoći,
Jer je moja duša emocijama obavijena.

Vođeni iskrenom namerom, bez drama,
Dok se osmesi ne skidaju sa naših lica,
Stope ostavljaju duboke tragove u nama
I uporno im se raduje svaka staza i ulica.

U ovim časima, dobro znamo šta želimo.
Uvek odolimo svemu lošem i izazovima.
Gledajmo da u naša bića strasti naselimo
I ovu ljubav ukrasimo zlatnim vezovima.

Dok naši koraci za sobom ostavljaju mirise,
Poljupci i zagrljaji se na mesečini samo nižu.
Već sada, naši životi jedan od drugog zavise,
Jer nam zajednički snovi neumorno pristižu!

U NAŠIM NOĆIMA

U našim noćima sve drugo je manje važno,
Ništa nije nemoguće i sve nam je dostižno.

Na nebu su zvezde, skoro na dohvat ruke
I sve je oko nas bez neke veće buke.

U ljubavnim noćima, duše su zanosne,
A usne spojene i više nego radosne.

Dok našoj ljubavi želimo dugovečnost,
Strasti i emocije tkaju najlepšu melodičnost!

U DUGIM VEČERIMA

Budimo, opet, na našem mestu, sami,
Samo nas dvoje, u večerima dugim,
U kojima srce neće da plače i drami,
I traži sreću u nekim ljudima drugim!

Večeras zvezde samo za nas sijaju,
A pun mesec prati svaki naš pokret.
Dok jaki vetrovi grane lipa povijaju,
Raduje nas plesa ovog, svaki okret!

Naše duše su, napokon, nerazdvojne.
Dok zanosno plešu, usne su radosne,
Jer pokreću strasti i plamenove brojne,
Duboke i iskrene emocije, čudesne!

U sebi čuvajmo ove trenutke nežnosti,
Jer živeti samo za sebe je bol i kazna.
Ovenčajmo bića sa više bezbrižnosti,
Da duša više ne bi bila očajna i prazna!

NA KRILIMA LJUBAVI

Nosim te na jakim krilima ljubavi
U smeru sreće, gde radost boravi

Na visinama nežnih poljubaca i dodira
Gde iskreno srce voli, a lepota dominira

Na putu najlepših mirisa, čežnji i strasti
Na kom će samo zajednička sreća cvasti

Bez poraza, padova i nezaceljenih rana
Jer u dušama nema više prepreka i brana

Dok za nama ostaju milje najlepših radosti
Naš ljubavni let traje do beskonačnosti!

KAKO DA TE NE VOLIM

Dok si pored mene,
Pokrećeš me,
Kao što jedrilicu na otvorenom moru
Pokreće snaga vetra!

Dok plovimo životnim okeanom,
Držimo se za ruke
I ne puštamo ih,
Iako su izazovi česti,
Jer žele da nam jedra slome!

Naša ljubav je nikada jača,
Jer jedno bez drugog ne postojimo
I ne dišemo.

Život je u nama i oko nas,
Dok ljubav caruje u našim srcima,
A koja samo čiste emocije naređuje.

Tajnu lozinku samo nas dvoje znamo
I ne odajemo je nikome,
Dok poneki greh pravimo,

U inat svima onima
Koji bi voleli da nas vide rastavljene,

Posebno, kada mi, poput leptira,
Sletiš na dlan ili
Kada se tvoje usne, od sreće,
Naslone na moje,
I tako zaljubljeni
Uživamo u dodirima i strastima.

Kako da te takvu iskrenu ne volim,
U gomili zla i svega lažnog?

Zar bih mogao da te pustim da odletiš,
Iako mnogi priželjkuju naš rastanak?

Koliko god se trudili,
Ne mogu ubiti našu ljubav i sreću,
Dok ih sve širokim osmehom pozdravljamo!

I kada nisi tu,
Naše misli su zajedno i razmišljamo kao jedno!

Poljubi me i snažno zagrli,
Kao onog prvog dana
Kada smo započeli naše najlepše putovanje
Mirnim morem života,
Ispunjenim kapljicama sreće i radosti,

Dok, naposletku,
Ostajemo večno žedni i gladni jedno drugog!

NE VERUJ

Ne veruj šta ti drugi o meni govore
I šta o našoj velikoj ljubavi kažu.
Dok nas žele rastaviti, oni uporno lažu!

Ne veruj im nijednog jedinog časa,
Jer istina je uvek bila samo jedna,
Dok njihova reč nije pažnje vredna!

Ne sumnjaj u emocije što su, kao suze, čiste,
U dodire i poljupce ispunjene strašću,
Jer je ova ljubav tkana poštenjem i čašću!

I kada drugima naša sreća i radost smeta,
Iako se nadaju da će naša ljubav prestati,
Nastavljamo još snažnije koračati i blistati!

NA TVOM PRAGU

Stojim, ljubavi žedan, na tvom pragu,
Jer tvoj lik mi uliva nadu i daje snagu.

Dok čekam da ta vrata raja otvoriš,
I po ko zna koji put me s nogu oboriš,

Kroz glavu prolaze lepa sećanja i misli,
Poput onih, kada smo uz zvuke kiše,
Plesali i do gole kože kisli.

Kucam na dobro znana vrata radosti
Iza kojih smo proveli vreme;
One dane naše najlepše mladosti.

Naposletku, kapiju otvara biće drago,
Moja večna ljubav i najveće blago.

Dok ti usne ponovo ljubim i ramena grlim,
Svim svojim zaljubljenim bićem
U tvoju plemenitu dušu hrlim!

PAMTIŠ LI

Pamtiš li, mila,
Onaj poljubac
U parku, pored mosta
Dok su moje ruke i hladan vetar
Plesali sa tvojom dugom kosom

Kada smo zatvorenih očiju
Uz zvuke violine uličnog svirača
I poglede prolaznika
Prvi put spojili naše usahle usne

Dok su duše
Od sreće i radosti bile ustreptale
A sa njima i ova tela
Željna nežnih dodira i pažnje

Pamtiš li
Ili si to već zaboravila

Pamtiš li
Jer to se lako zaboravu ne predaje
Jer je taj tren kao svemir veliki i večan!

KADA SUZA NE BUDE BILO

Kada suza ne bude bilo više
Svet će opet početi da miriše
Sunce na nebu lepše će sjati
U telu radost konačno bujati

Kada suze najzad prestanu
I velike tuge zauvek nestanu
Srce će tada ponovo zapevati
Na javi novu ljubav milovati

Duše će sada kao jedno biti
Biće, koje će se životu diviti
Zvezdama i mesecu mladom
Vođeno ponosom i nadom!

II

U noćima bez sna

DOĐI

Dođi, ponekad, u ove moje snove
Da u njima gradimo ljubavi nove.

Jer one su samo u snu moguće,
Dok javu odavno krasi bespuće.

Dođi u sva moja maštanja i zamiriši
I sve moje čežnje, patnje i suze obriši.

Dođi zorom, makar kroz zrake sunca,
Dok od naše ljubavi sakupljam zrnca.

Dođi i svojom lepotom me opet zavedi
I u neki novi život me, napokon, povedi.

Dođi i ostani zauvek u ovom telu i duši,
Jer samoća ne prestaje da boli i guši!

NA MESTIMA LJUBAVI

Ako ti život donese nemir i sve ti krene po zlu,
Pođi ka meni i onom našem tajnom mestu,
Gde nećeš više patiti, ležeći na prašnjavom tlu.

Kreni ka mestu gde smo našu ljubav krili,
Iako je bila, kao dečija suza, nevina i čista,
A zbog koje smo od strasti i čežnje goreli.

Pronaći ćeš me tamo gde si me i ostavila —
Na cvetnim poljima i mirisnim livadama.
Tamo, gde si mi odlaskom samoću dostavila!

Kreni, jer ovo čekanje postaje nesnošljivo.
Sa sobom ponesi neostvarene snove svoje
I odbaci od sebe sve što je prazno i lažljivo!

Na kraju tog puta uđi, konačno, u naš raj.
Nikada više ne odlazi, jer moj si jedini greh,
Na mom nebu zvezda, koja ima najveći sjaj!

U SMIRAJ DANA

Dok sedim na oštrom hridu,
U smiraj ovog kišnog dana,
Misli i uspomene samo ka tebi idu.

Snažni talasi čežnji sada tuku.
Vođeni olujama davnih nemira,
Opet stvaraju duševnu bol i buku.

Gromovi i pljuskovi se sada sve jače čuju
I iz svake kapi kiše tvoj lik uporno izranja.
Sete se neprekidno roje i tvoje ime dozivaju!

Nalik svili, još osećam meke dlanove tvoje.
I kada mrak polako sve u meni osvaja,
Srce i duša nastavljaju naše poraze da broje!

U smiraj dana, dok lađe naše sreće odlaze,
Ovom hridu uzaludnih čekanja i nada,
Obrisi tvoga bića sa vetrovima prilaze!

UZALUD

Uzalud dozivam tvoje lepo ime,
Dok našoj obali nadolaze plime.
A moglo je biti sasvim drugačije,
Ali tebe odvoze neke druge kočije.

Ta surova i gorka istina ostaje
I davna zakletva polako nestaje.
A moglo je biti lepše i bolje,
Bez jakih boli i ove glavobolje.

Što si dalje, to te više volim,
Jer tvojoj lepoti ne mogu da odolim.
A moglo je sve drugim pravcem ići,
Ali ovako se dva bića moraju razići.

Bol i žal nikada prestati neće
I cveće u našim dušama uvenuće.
Dok tvoje srce hladnije postaje,
Velika ljubav se gasi i nestaje!

KASNO JE

Kasno je sada za sve naše snove,
Zajedničke staze i izazove nove.

Kasno je, a vreme prolazi i teče,
I u meni čežnje sve glasnije ječe.

Ono što je bilo, vratiti se neće,
Iako nada u novi pohod kreće!

Duboki uzdisaj na jastuku osta,
Jer prizvasmo nezvanog gosta;

Boli, koje moju dušu i telo osvojiše,
I dva srca, uz reku suza, odvojiše!

Kasno je, čak i za ove prazne reči,
Jer su neki drugi tebi draži i preči!

Kasno je, ali ostaćeš večno u meni,
Kao u plavim morima so i grebeni!

U OSVIT ZORE

U osvit zore, kad budeš odlazila,
Poljubi me, makar poslednji put.
Iako si svoja obećanja pogazila,
Želim ti sreću, nimalo gord i ljut.

Ne zaboravi nikada ime moje,
Sve ono što smo oboje gradili.
Ja sigurno neću lepo lice tvoje,
Mada smo naše strasti ohladili.

Seti se, ponekad, ljubavi naše.
Ne krij suzu, ako ti iz oka krene.
Neka do tvog srca sreća dojaše,
Dok moje, uporno, plače i vene.

Sebi dopusti lepe trenutke nove,
I gradi svoj život sa nekim drugim.
Meni ćeš dolaziti u nemirne snove,
U hladnim i pustim noćima dugim!

ODLAZIŠ

Nakon svega, od mene polako odlaziš
Dok pored nekog drugog sreću nalaziš

Već ovom ranjenom srcu nedostaješ
I svakim svojim korakom boli zadaješ

Verovah ti više, nego što sam smeo
Još od prvog trena, kada sam te sreo

Odlaziš, ali izvireš iz svake čaše vina
Jer duše i tela naša sada krasi daljina

Žeđ za tobom ugasiti nikada neću
I u snovima ka tebi uvek leteću!

DOK ODLAZIŠ

Dok, polako, iz moga stana odlaziš
I u nečiji tuđi život i srce ulaziš,
Seti se, katkad, šta smo nekada bili,
Jer vreme nismo nijednog časa gubili.

Zvezde na nebu su samo za nas sjale,
Iako su naše duše davno nadu posejale.
Ali, sada, bez pozdrava i reči, odlaziš
I nekim, tebi znanim putem, polaziš.

Sa sobom bar ponesi lepe dane i sećanja,
Sve one trenutke pažnje i radosti osećanja.
Za toliko je naša ugašena ljubav zaslužila,
Iako se tvoja duša sa nekom drugom združila.

Gledajući kako nestaješ, dok otvaraš ta vrata,
Ostajem u mraku, sa jezom koja me hvata,
Ne mireći se sa prazninom, što je sada ostala,
I ovom patnjom, koja je u mom biću nastala!

POZDRAVI U NOĆI

Pozdravi, more, moju ljubav dragu,
I neka dobro zna da je još uvek volim,
Jer mi samo njen pogled daje snagu,
Dok se tom povratku uporno molim.

Pozdravi, meseče, moje biće milo,
I reci joj da mi nedostaju zagrljaji njeni.
Ovo srce se njenim očima uvek divilo
I ne miri se da sada budemo kažnjeni.

Pozdravi, mandolino, te najdraže ruke,
I preko svojih žica šapni da ih čekam,
Jer i dalje ne prestaju velike i teške muke,
Dok uporno nade na tamnom nebu tkam.

Pozdravi, vetre, moju dušu srodnu,
I prenesi joj ove reči nemira, tuge i boli.
Bez te božanske lepote, ostajem na dnu,
Nebitan i sitan, poput zrna peska i soli!

IVO TORBICA

BEZ TEBE

Bez tebe nema ni slavujevog poja,
Na nebu meseca i zvezda bez broja.
Bez tebe su i dani bez ikakvog smisla,
Dok je srce ranjeno, a duša pokisla.

U zaborav te nikada ne želim puštati,
Jer tvoja lepota ne prestaje blještati,
Sve dok izdržim i suza budem imao,
Protiv ravnodušnosti se bunio i otimao.

Sada je ostala istina gorka i tužna,
A realnost više nego mračna i ružna,
Jer bez tebe više nema ni one čarolije,
Neobične lepote, poput najlepše magnolije.

U ovoj patnji, čežnji i mislima setnim,
Gde smo oboje na poljima cvetnim,
Opet budim lažna verovanja i nadanja,
Dok su u duši emotivne boli i probadanja.

Rekama boli i sete plovim bez tebe,
Iako, uporno, idem protiv razuma i sebe,
Sa nadom, koja je iščezla i prohujala,
A koliko je, do juče, postojala i bujala.

VIDIM TE

Gde god da krenem, vidim samo tebe,
Čak i u listu koji sa grane u ranu jesen pada.
Ne mogu zamisliti neku drugu kraj sebe,
Iako od naše ljubavi osta samo bol i balada.

Vidim te u oblacima sivim, talasu mora,
U jakom vetru, plimi i brodovima silnim.
Kada me jutrima budi sunce i zora,
Duša je ispunjena setom i kišama obilnim.

Ne mogu verovati da je pored tebe drugi neko,
Dok bura u mom biću nosi sve pred sobom.
Ne mirim se sa tim da si već miljama daleko,
Jer uporno na nas mislim i bavim se tobom!

Moga ranjenog srca bićeš večno deo
I do kraja života pravu ljubav ću ti dugovati.
Iako sam od naših snova venac tuge ispleo,
Nastavljam sa samoćom i nadanjima drugovati.

POMISLI NEKAD NA NAS

Pomisliš li, nekada, na nas dvoje
Na one neustrašive borce i heroje
Dok su, kao jedno, do juče bili
I srećne trenutke za oboje grabili.

Jer zaboraviti ljubav je vrlo teško
Dok plače moje ranjeno srce viteško
Kada oseti praznu i hladnu sobu
Nalik nekom mračnom i tihom grobu.

Koga li sada ljubiš tim usnama vrelim
Dok tugu i patnju sa sobom sada delim
Kada više ni sunce ne sija onako jako
Kada duša i telo čeznu i venu polako.

BALADA O NAMA

U ovom času, kada se ljubav naša gasi,
Blagoslovimo puteve jedno drugom.
Ne dozvolimo da nam dušu tuga krasi,
Dok odlazimo, svako svojom prugom.

Moga bića i misli bićeš uvek deo,
Jer tvoj lik se ne može zaboraviti lako.
Od svega našeg je sada ostao samo pepeo,
Dok se sunce naših snova gasi polako.

Budi mi zbogom i raduj se uz neke druge,
A ja ću poći sam ka obali nekih novih nada.
Zbogom i ne budimo naših neuspeha sluge.
Veseli se, iako nećemo biti kao jedno, nikada!

NIKADA NEĆEŠ ZNATI

Ti nikada nećeš znati koliko sam suza lio,
Koliko sam zbog tebe noću patio i pio.

Ne mogu preboleti, naizgled, ljubav čistu,
Gledajući u nju, kao u najlepšu bistu.

Na polju naših uzaludnih želja i snova,
Nema više poljubaca ispod kestenova.

Na ovom nebu ni zvezda nema više,
Jer su nas obuzele boli i hladne kiše.

Dvoje, sada, svojim putevima polaze,
Uporno brojeći svoje padove i poraze.

Budi uvek srećna u nekoj ljubavi drugoj,
Dok se s nesanicom družim u tuzi dugoj!

NIKADA ZAJEDNO

Nikada zajedno u snove,
One snove, večne,
Do juče lako ostvarive,
A, već sada —
Nikada ostvarene!

Nikada zajedno u život,
Onaj život, vođen pesmom,
Do juče ispunjenim smehom,
Koliko danas —
Nikada proživljenom!

Nikada zajedno u raj,
Naš raj, kome smo se nadali,
I mirisnoj bašti —
Nikada dočekanoj!

Nikada to dvoje na javi,
Čak ni u snovima pustim,
Jer ono što je bilo,
Više biti neće...

PIJEM

Pijem i sa čašom vina uporno drugujem
Dok za našom ljubavlju žalim i tugujem

Gde smo i šta smo u ovom času i trenu
Jer nas hladnoća obuzima, a duše venu

Zar je tužan i bolan kraj ipak morao biti
Ne slluteći da ćemo snove od nas odbiti

A sa njima i sve zajedničke životne staze
Ali, već sada, nemiri ranjene duše gaze

Pijem, iako si suviše daleko od srca mog
Dok u čežnji i tuzi patim, bez ikog svog…

U NOĆIMA BEZ SNA

U dugim noćima, bez spokoja i sna,
Misli i telo se bore sa sobom,
A duša nastavlja da moli i pati.

U samoći nema mira,
U pustoj sobi nema sna,
Jer snovi su srušeni,
A živci pokidani!

Želim, opet, tebe kraj sebe,
Kao nekada, da budemo kao jedno!
Ali, to ostaje samo moja pusta želja,
Koja nastavlja da me reže i lomi.

Nastavljam život sa ovom nesanicom,
Koja je moja najveća bol,
A ti moja čežnja i samo mašta;
Moj san. Onaj najlepši i neostvareni!

U SNOVIMA

Dolaziš mi, svake noći, u moje snove,
Poput nekog anđela čuvara ili dobre vile.
U njima gledamo, pored reke, jasenove.

Dolaziš mi uvek sunčanim jutrima i zorom.
Dok se tvoj lik rasipa kroz zrake sunca,
Širiš mirise i toplinu skromnim dvorom.

Dolaziš mi, svakog dana, u moje misli,
Nalik najlepšoj i raskošnoj rajskoj ptici,
Iako su me boli od samoće odavno stisli.

Draga moja, daj mi sebe, a ne samo u snu,
Jer to, najmanje, zaslužila su naša bića dva.
Otrgni me od žudnji, da ne budem na dnu!

Zaplešimo, uz neku najlepšu muziku i note.
Nadoknadimo ono što smo nekada propustili —
Dodire usana i sve zajedničke ljubavne lepote!

ZVEZDA PADALICA

Ugledah na nebu boje mastila,
Sa mesta gde me je tuga ugostila,
Jednu prelepu zvezdu padalicu,
Koja prekide veliku dokolicu.

U tom trenutku poželeh nešto,
Iako krijem muške suze vešto.
Poželeh da si opet kraj mene,
Pored ove moje duše kamene.

Pada zvezda i želje ka njoj lete,
Dok srce poslednju nadu plete.
Padaj zvezdo, i ja sa tobom padam,
Jer toj se ljubavi uzaludno nadam.

Ljubavi, koja se nikada vratiti neće,
Dok ne prestaju boli, sve veće i veće.
Padaj zvezdo, jer i ja sam odavno pao,
I mračan zid samoće i nemira opipao!

GDE SI, MOJA DRAGA

Dok snegovi napolju neprestano veju,
Šetam sam, po onom našem parku i keju.

Pahulje uporno po mom kaputu padaju,
A srce i duša se i dalje tvom biću nadaju.

Gde si, moja draga, u ovo hladno vreme,
Dok najlepše misli i sete ka tebi streme?

U snegu ostavljam od cipela duboki trag,
Kao što si i ti za sobom ostavila mirise,
Nežne dodire, poljupce i pogled drag.

Gde si? S kim si ove hladne zime?
Da bar još jednom tu kosu vidim,
Čarobne osmehe i najlepše kostime!

I dok još jedna pahulja pada u nizu,
Želim ponovo tvoje biće kraj sebe,
I te naše ljubavi slepe reprizu!

NEMA NAS

Nema nas,
Jer smo izgubljeni
U vrtlogu vremena.

Daleko sam od jave,
Usnuo, u ovom napaćenom biću.

Procvalih staza
Više nema,
Kao i naših izvora
Radosti,
Sreće i
Iskrenih osećanja.

Tako usnuo,
Ne želim
Proživljavati surovu realnost,
Prepunu grehova,

Uz patnju,
Koja mi je nezvani gost,
U hladnoj sobi,
Između ova četiri zida.

Zora mi je nemila,
Jer bez tebe
I jutro gubi svoj smisao.

Kao takav,
Ostajem zatočenik
Sopstvenih snova,

Jer mi samo oni pružaju sve ono
Što me i dalje drži u životu,
Makar onom, nestvarnom…

BOLIŠ

Boliš i od ranjenog srca odlaziš
Dok u neki novi dom ulaziš

Rastanak je ovaj bolan, tužan i setan
A ja usamljen, ukočen i nepokretan

Kao uvenuli cvet, bez mirisa, ostajem
Poput kamena, hladan i siv postajem

Praznu dušu krase uzaludni snovi i nade
Ljubavi naše velike, uspomene i balade

Oči i telo i dalje klonu, venu i plaču
Jer srce krvari, donoseći čežnju jaču

Doveka ostajem ovenčan bolima i tugom
Nadajući se sreći i ljubavi
U nekom životu drugom!

IVO TORBICA

NADE UMIRU POSLEDNJE

Voliš i grliš iz srca i čiste nevine duše,
Kad nam senke tuge odnekud banuše.
Iako se nadasmo nekim novim trenucima,
Suze, nesanice i plač ostaše na jastucima.

Na onim istim, na kojima smo snove snili,
Dok nismo jedno drugo povredili i kaznili
Lažnim poljupcima, nadama i verovanjima,
Uzaludnim obećanjima i darovanjima.

U srcima nije bilo dovoljno iskrenosti i čistine,
U pogledima vere, a u duši emotivne čvrstine.
Dok se jedno od drugog lagano udaljavamo,
U nemirne okeane boli i sete uplovljavamo.

Naše lađe sećanja i kajanja sada plove same,
Dok je duša bez spokoja i prepuna galame,
Na ovoj plovidbi, sa mnogo pređenih milja,
Koje vode do svega, samo ne do krajnjeg cilja.

Do onog istog cilja gde naše usne nisu više same,
Gde duša ne tuguje, a srca ne plaču i ne drame;
Do one luke, na kojoj bismo bili, opet, kao jedno,
Jer ništa sem toga nije važno, niti pomena vredno!

KADA LJUBAV PROĐE

Sedim i često u samoći razmišljam o nama —
O večnoj ljubavi koje više nema i tim daljinama.
Jer ljubav je naša postala običan pepeo i prah,
Ta velika ljubav, koju sada krase suze, bol i krah.

Kada naša ljubav nestane i prođe
I, najzad, svako svojim putem pođe,
Ne zaboravimo šta je bilo iza nas,
Iako u nekim drugima tražimo sreću i spas!

Da l' bismo mogli biti poput feniks ptice,
Koja nastavlja da voli, uz neko novo i lepše lice?
Podignuti iz pepela i zrna nade,
Jer to dugujemo vremenima prošlim,
Novim snovima i željama pridošlim.

Kada naša ljubav nestane i prođe
I, najzad, svako svojim putem pođe,
Ne zaboravimo šta je bilo iza nas,
Iako u nekim drugima tražimo sreću i spas!

BAŠ NEĆU

Baš neću da te zaboravim.
Te nežne ruke i
Mirise tvoje,
Poput najmirišljavijeg cveća.

Baš neću da te prebolim,
Jer si ostavila duboki trag
U ovom zaljubljenom biću,
Iako suze niz lice teku,
Dok seta ne prestaje.

Baš neću da ljubim druge,
Dok god dišem
I vodu pijem,
Jer si deo sna
I kazne koju sada nosim,
A sa kojom se ne mirim.

Baš neću da te iz srca izbrišem,
Jer si i dalje deo njega,
Iako su molitve uzaludne,
A reči, odavno, potrošene.

U ovoj jakoj boli i patnji
U meni sve lagano umire,

I ova duša
Koja bez tebe lagano vene.

Da bar na trenutak
Čujem taj nežni glas —
Taj dobro poznati glas!

Ali, duša postaje sve tesnija,
A srce sve slabije,

Dok, naposletku,
Bude ono
Što biti mora...

NA PUČINI

Gledam u daljinu, na ovom otvorenom moru,
Zamišljen, jer je u glavi pregršt nekih misli.
Dok je voda nalik nekom mastilu i mramoru,
Srce u seti skita, iako su dušu i telo bolovi stisli.

Nakon tebe mi je ostalo samo jedno sećanje,
I sva lepa mesta na kojima smo zajedno kisli,
Gde smo ljubili jedno drugo, dajući obećanje;
Ono obećanje, koje osta samo deo ovih misli!

Prebrzo smo potrošili sve ono u šta smo se kleli,
Iako smo mislili da imamo ljubavi za dva života.
Venac naših nada i strasti prerano smo raspleli,
Dok sa brodovima odlaze svi naši snovi i divota.

More boje mastila, pozdravi mi najdražu moju,
I na svojim talasima joj prenesi setne reči moje,
Jer još uvek maštam i nadam se samo njoj,
Tom mirisnom i radosnom životu, udvoje!

TUŽNA JUTRA

Tužno je svako jutro bez tebe,
Kada se sa nesanicama borim,
Jer radosti nemam, dok rana grebe,
Srce pati i od snažne čežnje gorim.

U mom svetu nema spokoja i mira.
Zarobljen sam u okovima suza i sete,
Jer bila si deo mog bića i svemira,
I misli, koje neprekidno ka tebi lete.

Uzdrhtim na pomisao tvog imena,
A srce, kao i obično, počne da tuče,
Jer je u duši ostalo još plamena
I onog nečeg, što me ka tebi vuče.

Dok me sunce svakim jutrom budi,
Meni nema novih nadanja i spasa.
Ranjeno biće sve više pati i ludi;
Biće, koje ne liči na junaka i asa.

U moru nemira i uzaludnih nadanja,
Velika ljubav, kao Titanik, tone.
Sve su češća duševna komadanja,
Jer nemiri nastavljaju da progone!

POSLE TEBE

Posle tebe, ni ovaj vazduh nije više isti,
Jer je ta ljubav bila čista i bez koristi.

Posle tebe, ni ptica više nije lep cvrkut,
Dok gledam, zamišljen, u sobi kut.

Posle tebe, teško je nastaviti ovim bojištem,
Jer je duša ispunjena emotivnim zgarištem.

Ko će sada ljubiti to voljeno lice i usne,
Te lepe oči, najlepših boja, čudesne?

Posle tebe, gubim veru i molitve prestaju,
I uzaludna nadanja se polako gase i nestaju!

OSEĆAM

Osećam da se ljubav gasi i da prolazi,
I hladna kiša tuge i boli polako nadolazi.

Opet skrivaš lice, sa pogledom u daljinu,
Dok gubim svoga života najveću junakinju.

Sreću u drugima sigurno nećeš pronaći,
Iako pokušavaš iz moga života brzo izaći.

Odavno slutnja u našoj ljubavi postoji,
Jer sada neko drugi tvoju sudbinu kroji.

Bar dopusti da te, kao nekada, zavedem
I sa tvoga hladnoga srca srušim bedem.

Odbacimo nepotrebna pitanja i strahove
I zaboravimo sve naše nedaće i gafove.

Ne dozvoli da sve što je bilo, sada bude prošlost,
Dok uporno molim za razum, pažnju i milost.

Ne dopusti da ove reči i molitve ostanu prazne,
Donoseći srcu duševne lomove i velike kazne.

IVO TORBICA

Ne ubijaj me hladnoćom, kao da smo neki stranci,
Jer se znamo, iako su naša bića okovali lanci.
Ova tišina seče više od bilo kakvog oštrog mača,
A verovasmo da je naša ljubav bila od svega jača.

Dok za nju uporno krvarim, kao najveći ratnik,
Tvoje ćutanje sve govori,
A ja postajem običan gubitnik!

ŠTA TI ZNAČIM JA

Reci mi, šta ti, zapravo, značim ja,
Dok traje večna oluja i agonija?

Kaži, nemoj stalno da sediš i ćutiš,
Jer srce, puno patnji, uporno mučiš?

Zar da gledam taj tvoj pogled spušten,
Iako sam čežnjama i bolima prepušten?

Zar da, posle svega, ostane tišina i muk,
Hladna postelja, jastuk i ovaj jauk?

Neću podneti tugu, bol i duševnu prazninu,
Dok od naše ljubavi sakupljam sitninu!

DA SI TU

Da si, mila, bar još malo, pokraj mene,
U kutku moje ranjene i bolne duše,
Paleći, opet, emotivne vatre i kremene,
Ali seta i tuga nastavljaju da guše.

Da si, bar malo, pored moga bića,
Ispunjenog očekivanjima i nadama,
Jer si i dalje deo ovog dosadnjakovića,
Koji se nada ponovnoj šetnji livadama.

Da si tu, bar da te vidim, na jedan tren,
Da se, kao nekada, smejemo iskreno i slatko.
Ali, tu je nepažnja i taj korak nesmotren,
Jer, sve što je lepo, izgleda, traje vrlo kratko.

SUZE

Suze moje, kud ste tako krenule,
Iako su nade odavno uvenule?

Zar da mi vi krasite umorne oči,
Dok se telo od slabosti koči?

Zašto se tako brzo niz lice slivate
I ove sete i čežnje otkrivate?

Zar da, pored nje, poželim drugu,
Dok se vrtim u začaranom krugu?

Suze moje, moji verni saborci,
U praznoj i beživotnoj barci,

Padajte snažno i bez prestanka,
Do krajnje luke i mog nestanka!

JOŠ ŽIVIŠ U MENI

Još te nosim
U grudima svojim,
U srcu,
Iz kog nikada izašla nisi.

A kako da izađeš,
Kada si bila
Deo ovog ranjenog bića —
Onog istog,
Koje je na te naviklo.

Još te osećam
U napaćenoj duši
Ispunjenoj čežnjom i prazninom,
Jer je navikla na tvoje prisustvo,

I nežne dodire tvoje,
U besanim noćima dugim,
Kada su tela u zanosu pripijena,
A usne na usne naslonjene.

Još živiš u meni
Iako si, već sada, miljama daleko,

MILJAMA DALEKO

Možda sama ili sa nekim drugim,
Dok ja umirem u svojoj patnji,
Obuzet tugom i setama,
Iako svestan da molitve i
Uzaludne reči više ne pomažu.

Suviše je bilo lepog među nama
Da bih zaboravio to lice anđela,

I oči boje kestena;
Onaj isti pogled, sa najlepšim sjajem,
Sjajnijim i od svih zvezda na nebu!

Ostajem da zborim sa mislima svojim,
Noseći na plećima svoj krst,

Trpeći bol u grudima
U kojima još uvek kuca
Ranjeno i izdano srce,

A koje i dalje nastavlja
Da čezne i u tišini da pati!

RAZGOVOR SA MISLIMA

Dok uporno sa svojim mislima zborim,
Molitve sada ka tebi ove duge noći lete.
Sa bolima u svojoj duši dugo se borim,
Iako srce nastavlja novu nadu da plete.

Osećanja prema tebi su uvek bila čista,
I već sada ti opraštam svaku suzu svoju.
Jer si za mene uvek bila i ostala ona ista,
Nadajući se i dalje naših duša i tela spoju.

Zašto, nakon svega, mora biti, ipak, kraj,
Kada u srcu ima još nešto plamena i iskri?
Kada nas, na kraju tunela, može čekati raj?

U molitvama, pred ikonom, neću posustati,
Jer za te usne se vredi boriti i u borbi ginuti;
Jer od tih očiju zelenih ne smem odustati!

JESENJE KIŠE

Sa jesenjim kišama
Opet stižu sete, suze i nemiri,
Uporno podsećajući na sve ono
Što više neće biti deo mene —

A to je voljeno biće
Koje, već odavno,
Ne vidim kraj sebe,
Jer je sudbina tako htela.

Nikada više to oko plavo,
Plavo, kao najplavlje more.

Nikada više te nežne ruke,
Nežne, poput najfinije svile.

Nikada više te vrele usne,
Vrele, nalik najvrelijoj lavi.

Nikada više te lepote,
Jer sa letom
Odlaze sve moje nade,
Puste želje i nikada ostvareni snovi.

IVO TORBICA

Sa svakom kapljicom kiše
I opalim listom sa grane,
Opada i moja volja za životom,
Jer, bez tebe, ni on više nema smisla.

Sa svakom lastom što ka jugu leti,
U mislima letim i ja.

I to na neka lepša i toplija mesta —
Ona ista mesta,
Na kojima nismo štedeli
Poljupce, dodire i zagrljaje,

Na mesta gde suza nije pekla,
Već se slivala niz lice
Ali, od radosti, uzbuđenja i sreće.

Dok padaju ove hladne jesenje kiše,
Duša, po ko zna koji put, od čežnje gori,
A srce grca i pati,
Jer je prepuno jakih vetrova i bura!

Nakon svega,
Ipak ti želim sreću i mirno more,
Iako si moga života bila promašaj
I još jedna, u nizu, avantura!

ZAUVEK TVOJ

Liju suze iz oka, kao kakve kiše,
Jer te večne ljubavi nema više.

Iako niko od nas nije bio sasvim čist,
Naša ljubav pada, kao sa grane list.

Suze niz tužna i bleda lica kanuše
I u naše živote nezvane boli banuše.

Sve što smo gradili već se srušilo,
I očajanje je neudoban kaput tuge sašilo.

Sada, polako, postajemo potpuni stranci,
Dok dušu krase nemiri, sete i katanci.

I ako me, ikada, napadne drugih ljubavi roj,
Ovo srce će ostati hladno, a ja zauvek tvoj!

ZA KRAJ

Za kraj, poželi mi, draga, sreću,
Čak i od neba i kosmosa veću,
Jer bez nje, na put ne vredi ići,
Put, koji će me iz pepela dići!

Sa dna propalih snova i nada,
Dok iza nas ostaje tužna ada.
Poželi mi sve ono što bi i sebi,
Iako neki drugi sada znače tebi!

Iz srca i duše te izbrisati neću,
Jer uporno misli ka tebi kreću.
Sa njima suze i mnoga pitanja,
I tako svake noći, do svitanja!

Umornih očiju i ranjene duše,
Klonem, dok se moji snovi ruše.
Neću izdržati užasnu samoću,
Hladnu i praznu postelju noću!

IZGUBLJENI

Izgubljeni, sa pogledom setnim i tužnim,
Ćutimo, jer je svaka reč sada suvišna.
Postali smo sene u zlim časima ružnim,
Dok u naše živote dolazi oluja strašna.

Po nama uporno hladne kiše boli padaju,
Jer svako svojim brodom lagano kreće.
Praznom dušom i dalje nemiri vladaju,
Ali, uskoro, više tugovati i plakati neće!

Izgubljeni smo u svetu laži, pakla i ludila.
Tražimo ono što se nikada ne može naći.
Iako se ova ranjena duša za oboje trudila,
Moje srce će, ipak, neko drugo pronaći!

KAKO DA TI KAŽEM

Mila, kako da ti kažem da je gotovo
Za srca dva i napaćene duše naše
Koje neće, kao jedno, disati ponovo
Držati se za ruke i piti iz iste čaše

Jedina moja, kako ove reči da izustim
Dok na našem nebu sunce zalazi
Kako reći, a da suzu iz oka ne pustim
Gledajući kako sreća od nas odlazi

Moja vilo, za nas je ovako najbolje
Jer strepnja je gost u telima našim
Prekinimo mrak u duši i sve nevolje
Iako se života, bez tvog bića, plašim!

PUTUJ

Putuj, najdraža moja, gde ti volja
Tamo gde te čeka ljubav bolja

Na mesta, bez suvišnih nemira
Za tebe veća, čak i od svemira

Putuj i glavu ka meni ne okreći
Dok ostajem sam u svojoj nesreći

Želim ti srećan put i početak nov
Iako je ovaj tren bolan i surov

Iza nas ostaje samo jedna balada
Tužan kraj i propalih snova ada

Putuj i na mene nikada ne misli
Čak i ako ti se srce predomisli!

POSLE MENE

Posle mene nećeš ljubiti strasno
Al već tada će za tebe biti kasno

Povratka na staro više biti neće
Jer ovo srce u novoj ljubavi goreće

Suviše se praštalo i za pažnju molilo
U žudnjama more suza prolilo

Jednoga dana, konačno ćeš sve shvatiti
I u svojoj ljubavnoj sirotinji tiho patiti

Bićeš kažnjena hladnim dodirima i srcem
A ja ovenčan nekom čistijom dušom i licem!

ZASTAVA SREĆE

Iako je srce puno dubokih rana,
Nastavlja da se veseli i ponovo voli.
Za nove ljubavi i sreću ima dana,
Jer se moje biće samo dobru moli.

Iako ožiljci ostaju kao opomena,
Duša je, i dalje, prepuna života;
Poletna i radosna, nimalo kamena,
Koju više ne krase nemiri i golgota.

Za iskrenu ljubav uvek ću se boriti,
Hodajući ponosno, sa jasnim stavom;
Pogledom, koji nikada neću oboriti,
Mašući radosti i sreće zastavom!

III

Optimizam je moj prijatelj

ZAMISLI

Zamisli neki svet novi,
Koji samo radost pruža,
Gde ljudi sreću dele,
Uz mirise najlepših ruža.

U tom svetu sve je čisto,
A najviše ljudske duše.
Dok radost na svakom ćošku blista,
Sve nevolje prestaju da guše.

Taj svet u mašti čuvaj,
Kao utehu ovom sivom.
I nadaj mu se danom svakim,
Onom životu —
Manje bolećivom!

RADUJ SE

Uvek se raduj svakoj novoj zori,
Dok ti iz duše glas ljudskog zbori.

Udahni sveže mirise ovog života,
Jer ga krasi čista ljubav i divota.

Raduj se rađanju sunčevih zraka,
Dok te vode motivi i želja jaka.

Osmehni se vetru i pticama u letu,
Najlepših snova bogatom buketu.

Za sreću je, ipak, potrebno malo,
Iako je telo mnogo nemira imalo.

Ta radost nikada prestati ne sme,
I tkaj dane stihom najlepše pesme!

TAKO MALO TREBA

Tako nam malo treba za sreću
Onu istinsku i od sunca veću

Tako malo nedostaje za radost
Koja produžava život i mladost

Samo korak jedan za čistu ljubav
Široku i veliku, kao što je Dunav

Najmanje za iskren i vedar osmeh
Jer, imati ga, nikada nije bio greh

Tako malo, a tako mnogo i daleko
Za neke nemoguće i predaleko

Da bar pokušaju, makar jedanput
Na jedan jedini dan, čas ili minut!

ZAROBLJEN

Zarobljen, u ovom tesnom telu,
A duša bi da leti, poput albatrosa,
Jureći sreću, kao kakvu gazelu,
Pun želja, nada i ljutog prkosa!

Zarobljen, u ovom ranjenom srcu,
Koje je davalo, a i opet bi isto,
Jer to priliči svakom junaku i borcu,
Iako je na bespuću, vrlo često!

Zarobljen, u besanim noćima dugim,
Drugujući sa mislima i bićem svojim.
Ali, već sada, krećem putem drugim,
I do novog početka, sekunde brojim!

Sa srca i tela skidam ove lance nemira
I, napokon, letim ka novom i lepšem.
Ako treba, i do dalekih zvezda i svemira,
Dok ljubavlju i optimizmom odišem!

KAD SKLOPIŠ OČI

Kad legneš i sklopiš oči
I mrak na trenutak u tvoju dušu kroči,
Otvori vrata nekog lepšeg vrta
I kreni kroz njih, bez osvrta!

U tu baštu nekih lepših misli
Povedi sa sobom sebi bliske i pomisli —
Da l' bi toga moglo biti i na javi,
Kad nam realnost nove probleme dostavi?

Ništa nije vredno nemira i tuge,
Svakodnevnih lutanja, bez puteva i pruge.
Jer, kada se probudiš i otvoriš oči,
Sve boli iz svoje duše iznesi i istoči!

Kad ugledaš javu, onu bolju i lepšu,
I novi počeci te ohrabre i potapšu,
Gledaj oko sebe sa vedrije strane —
One životne vrtove, bez lomljive grane!

IVO TORBICA

NE OSVRĆI SE

Ne osvrći se nikada za svim onim
Što je prazno i učini ti se dokonim,
Jer ne želiš sa tim svim gubiti vreme.
I zato, načini taj korak, bez dileme!

Ne osvrći se za svim onim površnim,
Često hladnim i, neretko, bezdušnim.
I na prvo mesto postavi samo sebe,
Ono mesto, gde neće srce da ti zebe!

Ne osvrći se za licima koja nose masku
I raduj se njihovom konačnom odlasku,
Jer su bili samo smetnja na tvojoj stazi,
Dok nastavljaš novim putem,
U lepšoj životnoj fazi!

U tom neosvrtanju, misli samo na bolje,
Bez patnje i prevelike glavobolje.
U svom srcu pravi mesta samo za bitne,
Iskrena prijateljstva i ljubavi neupitne!

AKO TI ŽIVOT DODELI TUGU

Ako ti život dodeli nesreću i tugu,
Kišu patnji, slabost i nesanicu dugu,
Osmehni mu se i okreni novi list,
Kako bi bio miran i sa sobom čist.

Vetrove nemira i osećaje patnje i tuge
Izbaci iz života i prizovi neke druge,
Kako više suze niz lice ne bi padale
I da bi tvoju dušu nove nade pogledale!

Jer uvek ima nekog rešenja i izlaza,
Kada dođe do konačnog kraja i razlaza
Sa svim onim što te boli, grebe i muči,
Kada se sa ranjenog srca skinu obruči!

SVANUĆE

Kada ti je u životu najteže,
Misliš da kraja i izlaza nema,
Ne dozvoli da te tuga reže
I budi bez očaja i dilema.

U tom mraku, bez ikoga svoga,
Slušaj iz dubine duše glasove i reči.
Misli samo na anđela milostivoga,
Jer sebi si, ipak, najpreči!

U tim danima, tužnim i mračnim,
Hodaj koracima sigurnim i ponosnim.
Vođen ciljem krajnjim i konačnim,
Koji će te učiniti srećnim i radosnim.

Na kraju tog dugog puta i mosta
Desiće se, konačno, zora i svanuće!
Reći ćeš, najzad, svemu: „Dosta!"
I sve loše oko tebe iščeznuće!

OSMEH NABACI

Uvek gledaj da osmeh na lice nabaciš,
Suze i mrštenje od sebe konačno odbaciš.
Jer tvoj je put ispunjen samo pozitivom
I sve što radiš vođeno je jakim motivom.

Ne dopusti sebi nikakva nadanja lažna,
Jer je tvoja sreća i radost najviše važna,
A ona će te neumorno i strpljivo čekati
Kada budeš više sebe voleo i cenio;
Onda, kada se budeš potpuno izmenio!

Voli i poštuj svoja znanja, dela i vrednosti,
I omogući svom životu više pravednosti.
Jer drugih neće biti kada ti bude bilo teško,
Dok duša bude patila i tvoje srce viteško.

Na sebe i bitne nikada ne smeš zaboraviti.
Uvek gledaj najlepše momente pozdraviti,
Jer ti trenuci su nešto što te čini srećnim,
Boljim čovekom, duhovno jakim i imućnim!

ZAŠTO

Zašto misliti uvek i samo loše
Kad nam jutra sunca dadoše
Sa njim nove nade i topline
Da zacele sve duševne razvaline

Zašto gledati sa očajem nekim
Pred takvim prizorom
I pogledom dalekim
Pa zar pred svim tim samo da patiš
Kad radost možeš da dohvatiš

Zašto da to ne doživiš
Dok igraš, pesmu da oživiš
Tom lepotom dušu ispuniš
Na novi početak telo nasloniš

Zašto da prekineš svoje snove
Kad ti u susret lete želje nove
Oprosti drugima dela kvarna
I pruži sebi nadanja stvarna

Uživaj u trenutku svakom
Poput onih sa prvim sumrakom
Kada nebo razlije boje svoje
Dok priroda najlepšu pesmu poje!

PAMTIM

Pamtim samo dobrotu,
Duhovnu čistotu i divotu.

Pamtim jutra sveža i mirisna,
Sva ona mesta bajkovita i opisna.

Pamtim noći pune mesečine,
Kristalne i zvezdane, bez oblačine.

Pamtim samo svetlu ljudsku stranu
Koja pruža radost i ljubav obostranu.

U tom pamćenju, dok misli lete,
Upravo sada, novi trenutak slete!

Njega ću isto rado pamtiti
I lepim ga uspomenama častiti!

VERUJ

Veruj u sebe i ovaj novi dan,
Iako si bio izneveren i izdan.

Veruj u dobra dela poštenih ljudi
I nikome zbog onih loših ne sudi.

Veruj, čak, i u svoje snove.
Pruži sebi prilike nove!

Veruj u svoj put od kamenja i cveća,
Jer je tvoja volja za životom najveća.

Veruj u zore i neka nova svitanja,
Bez ponovnih padova i saplitanja.

Jer sutra je, već, novi i lepši dan,
A ti, u toj odluci, budi dosledan!

SREĆA

Sreću gradi na temelju lepog,
Verujući u pobede i uspeh,
Sa optimizmom onog slepog
I nadom, koja krasi tvoj osmeh!

Sa sobom uvek jasni i čisti
I najlepšim snovima mirnim.
U odnosu na druge, bez zlobe
Ili kakve koristi,
I ponosnim bićem, uspravnim!

U svojim namerama uvek odlučni,
Sa delima, pomena i pažnje vrednim.
Uvek pozitivnim mislima zvučni,
I ogromnim srcem iskrenim.

SNAGOM LJUBAVI

Koračaj kroz život snagom ljubavi.
Dušu od tuge, zla i nemoći izbavi,
Dok ti novi počeci u susret idu,
Kao moćni talasi ka nekom hridu.

Snagom lepote i ljutog ponosa,
Bez mnogo dignutog nosa i zanosa,
Gledaj uvek svakog u oči pravo,
Jer je to najčistiji odnos, zapravo.

U toj vožnji, na životnoj pruzi,
Neka te prate samo aplauzi,
Dok nižeš nove kilometre uspeha,
Bez jauka, sa više lepote i osmeha.

STANI

Zastani, na trenutak. Uspori taj hod.
Izgubio si, možda, nekad, negde sebe.
Uspori malo svoj ogroman životni brod
I odbaci sve ono što te tišti i grebe!

Stani, i spoznaj, konačno, život svoj,
A sa njim i vrednosti, odavno zaspale.
Na novom putu neka te prati sreće roj,
Gledajući za sobom sve želje propale!

Stani, makar na čas ili sekundu jednu.
Videćeš koliko je lepote oko bića tvog.
Dozvoli snovima da pokraj tebe sednu,
I osetićeš dosta toga novog i blistavog!

Čućeš i ono što, do sada, nikada nisi čuo,
A to su najlepše životne pesme i melodije.
Kada staneš i za druge ne budeš više ginuo,
Seti se svega onog lepog što te okružuje —
Ove najlepše životne rapsodije!

SVEMU DOĐE KRAJ

Svemu će doći kraj, pa i ovoj najjačoj boli,
Koja razara tvoje telo i dušu, ali ti i dalje voli.
Bez obzira koliko bolelo i patnja bila jaka,
Raduj se i veseli, iako nosiš bezbroj ožiljaka.

Ništa nije večno trajalo, pa neće ni sivi i loši dani,
Pljusak u duši, mrak u srcu, neretko živci iskidani.
Jer posle gromova i kiša dolazi vreme čistije i bolje,
Gde rane više ne peku, a ti daleko od suza i nevolje.

Uprkos svemu, nemoj gubiti nadu i veru u sebe.
Zaboravi dane bez smeha i sve ono što te grebe,
Jer duša i telo već vape za novim i uzbudljivim,
Nekim snovima lepšim i trenucima dopadljivim.

Već na tom novom početku, ti zamiriši i poleti
I to preko svih onih duševnih pustinja i goleti.
Jer jednoga dana svemu će, ipak, doći kraj,
Ali ti kraj sreće i radosti, uz osmeh, dežuraj!

NE ČEKAJ

Ne čekaj nikad onaj trenutak pravi,
Već zgrabi svaku šansu i sa njom nazdravi.
Dok čekaš neko bolje i lepše vreme,
Ne dozvoli da ti se želje i snovi raspreme.

U tom momentu, ugrabi priliku svaku,
Neku nadu novu, svojstvenu prvaku.
I ne razmišljaj nikada previše dugo,
Jer u tim časima nije važno ništa drugo.

Kada na vreme uhvatiš sreću i radost za ruku,
Zaboravićeš tugu i reći ćeš zbogom jauku.
Već tada ćeš plesati sa ostvarenim snovima,
Radujući se veselim melodijama i tonovima.

Ne čekaj, nego povedi srce u smeru najlepše note,
Na put bez čemera, jada, suza i duševne golgote.
Dok ono u grudima od radosti ne prestaje da tuče,
Reke novih snova i ljubavi nastavljaju da huče...

U VOZU NOVIH RADOVANJA

U žuboru života i snažnih talasa izazova,
Propuštenih i tek iščekivanih vozova,
Nema mesta carevanju leda i mraza,
Već nastavi svoj put čistog obraza.

Svoju prošlost čuvaj u riznici sećanja,
Najlepših uspomena, misli i osećanja.
Pamti samo one lepe i vredne trenutke
I često misli na svoje najvažnije kutke.

Jer u duši nema prostora mislima zlim,
Srušenim snovima i nadama iščezlim.
Dok u tom vozu nekih novih radovanja,
Nema više duševnih patnji i gladovanja.

Najveći kofer je onaj koji nosiš kraj srca,
U svojoj duši, koja je poput kakvog dvorca.
Dok gledaš kako se od tebe praznina odmiče,
Tvoje biće povoljnim vetrovima i sreći kliče!

KAMEN OKO VRATA

Nosiš ogroman kamen oko vrata,
Jer taj strah držiš za druga i brata.
A toliko malo treba za slobodu,
Dok hodaš po duševnom obodu.

Život ne čine samo suze i bolovi,
Već jaki i snažni brodovi i jarboli,
Koji će te uz vetrove sreće i uspeha
Dovesti na mesta bez nemira i peha.

Dok ploviš morem nekih novih snova,
Ne zaboravi da je radost tvoja osnova.
Jer to odavno duguješ svojoj duši i srcu,
Kako i dolikuje jednom takvom borcu!

NE BEŽI OD SEBE

Koliko god bilo nemoguće i teško,
I izdavala te duša i srce viteško,
Ne beži nikada od navika i sebe,
Iako to, često, drugi traže od tebe.

Najteže je biti ono što nikada bio nisi,
Ali, takve uvek odaju lažni mirisi.
Jer lažno nikada ne traje previše dugo.
I zato, u inat njima, budi nešto drugo!

Budi svoja i ono što ti, zapravo, jesi,
Iako imaš mana i krase te neki gresi;
Čista duša, čovečnost, prirodna lepota,
Jak karakter i, naposletku, dobrota.

Ne beži od sebe i imaj uvek svoje prioritete.
Isključivo od bitnih primaj kritike i epitete,
Jer samo su oni u tvom životu iskreni i važni,
Dok odbacuješ sve one koji su nebitni i lažni!

KAO PTICA NA SLOBODI

Kao ptica na slobodi, širi svoja krila,
Poput najlepših cvetova, usred aprila.

Nema ničeg lepšeg od mira i slobode,
Kada ti povoljni vetrovi i mirisi gode.

Uvek leti ka svemu lepom i boljem,
Dok se dičiš svojim vrednim postoljem;

Mestom, koje ti je oduvek pripadalo,
Iako ti se srce, bez razloga, prepadalo.

Sada, kao feniks ptica, na tom uzletu,
Raduj se i veseli svom životnom letu,

Dok sa visina gledaš sve one nevažne,
Ljudske kreature, pokvarene i lažne.

KADA SE SETE PROBUDE

Kada se sete, opet, u dubini duše probude
I oko nas nekih bitnih i dragih više ne bude,
Okreni se vremenu budućem. Ne očajavaj,
I nipošto u tugovanja i suze ne uronjavaj!

Sve što je bilo i prošlo, u uspomenama čuvaj
I samo pozitivne stvari u svoje srce okivaj.
Jer najlepše za tebe i tvoje voljene tek dolazi,
Dok ne dozvoljavaš da te bilo ko reže i gazi.

Za sebe si uvek bila i ostala najlepša i najveća,
Dok je tvoja duhovna bašta prepuna cveća.
U širenju mirisa i ljubavi nikada škrta i sebična,
A karakterno, najmanje antipatična i bezlična.

Kao ratnik koji budi samo dobro u ljudima,
Bez teskoba, duhovnih nemira i boli u grudima,
Nastavljaš ponosno koračati životnim stazama,
Dok uživaš u svojim, mirom ispunjenim, oazama.

VOŽNJA LJUBAVI

Kada je oko tebe sve sivo, mračno i sumorno
Ništa ti ne polazi za rukom i osećaš se umorno

Ne prestaj nikada svoje teške bitke da vodiš
U odnosu na druge, da voliš i mirisima godiš

Jer je ljubav tvoja najveća zvezda vodilja
Srcu i neiskvarenoj duši najbolja dadilja

Patnje i suze nikada nisu išle uz tvoje lice
Zato ubrzaj vožnju ljubavi, poput jedrilice

Stare milje loših trenutaka iza tvojih leđa ostaju
I loše misli i razočaranja sada ne nedostaju

Na svom putu deli radosti i optimizma momente
Dok srce na tvojoj duši crta najlepše ornamente!

NA SVOM PUTU

Na svom putu uvek drži čvrsto kormilo
Koliko god oko tebe grmelo i galamilo

Na putu jakih bura, vetrova i talasa
U mislima nosi dosta mapa i kompasa

Koliko god pokušavali uragani da te lome
Tvoje srce hrabro će sprečiti brodolome

Dok znaš dobro kuda tvoja barka plovi
Snagu ti daju vera, molitve i blagoslovi

Usidri se pored mesta gde su najlepše zore
Tamo gde je duša prostrana, kao plavo more!

NE DOZVOLI

Ne dozvoli nikada da te mržnja okuje,
Da ti srce tugu, patnju i suze dovikuje.

Nisi rođen da nepravdu i zlobu seješ,
Da crne misli i slutnje u tami dočekuješ.

Ne dozvoli da budeš ono što bio nisi,
Da su ti na licu od nevolja bore i zla obrisi.

Ne umeš da drugima podmećeš nogu,
Pozdravljaš tuđe boli, ožiljke i neslogu.

Ne poželi drugima ono što ne bi ni sebi,
Kako tvoja neiskvarena duša patila ne bi,

Da bi čvrsto i spokojno spavao u noćima dugim,
Jer ne znaš za zlo i loše u sebi i ljudima drugim.

ZAIGRAJ

Zaigraj i veseli se,
Jer život neće trajati večno,
Niti će te sreća čekati.

Ona stanuje tamo gde su
Široki osmesi,
Najlepša radovanja i
Voljeni oko tebe.

Zaigraj i ispuni dušu
Energijom života
Koja nas ohrabruje
I uliva neke nove nade,
A sa njima i optimizam.

Zaigraj i neka tvoj ples
Bude najlepši,
Dok srce i telo ispunjavaš
Mirisima ljubavi i
Dodirima sebi dragih,

Jer jedino su oni
Tebi bitni,
Tvoja su motivacija i
Nepresušna snaga.

MILJAMA DALEKO

Zaigraj
I pleši igru ljubavi —

Sve dok dišeš,
Sve dok postojiš!

TRAGOVI

Svim što radiš,
Ostavi trag —
Što dublji,
Što upečatljiviji!

U životu ponosno koračaj
I donosi, za sebe i druge,
Važne i krupne odluke,
I za sobom
Ostavljaj duboke tragove.

Svaki dan nudi
Novu šansu,
Novu priliku.

I zato,
Zagrli ih što više!

Tvoji koraci i tragovi
Govore o tebi,
A govoriće i posle tebe,

Jer, bez njih —

Kao da nismo živeli.
Kao da nismo ni postojali!
Vreme ne troši uzaludno,
Već ga iskoristi —
Svake sekunde,
Svakog časa,
Svakog dana;

Suština života je
U ostavljanju tragova —
Po kojima će nas pamtiti,
Po kojima će naši životi
Dobiti pun smisao!

Koračaj hrabro i odlučno,
A tragovi neka ostaju
Što dublji i smisleniji
Kako ne bismo ni za čim žalili
Kada starost dođe,

I naše vreme,

Konačno, prođe...

NIKADA NIJE KASNO

Nikada u tvom životu nije suviše kasno
Za sve ono iskreno, i to reci uvek glasno

Za sve što je lepo i što ti snagu daje
Iako te, ponekad, vera u ljude izdaje

Za sve što tvom biću zadovoljstvo pričinjava
Za sve ono što tvoju radost i sreću sačinjava

Jer, život je stalno putovanje i plovidba
Čiji kraj predstavlja jedna bogata izložba

Izložba tvojih najlepših trenutaka i uspomena
Dok tvoja duša ostaje mirišljava, čista i blažena

Ne žali nikada za onim što je prohujalo i prošlo
Već se raduj onome što će doći i što je već došlo!

ŽIVOT TEČE DALJE

Uprkos nanetom bolu
I patnji koja je teška,
Pređi preko svega!

Uspravi se,
I ne diraj stare rane!

I ne osvrći se,
Već nastavi da koračaš,
I to isključivo onim putem
Koji će te dovesti —

Do lepšeg,
Do boljeg,
Do svega onoga
Što ti je oduvek pripadalo!

Mržnja nikome
Dobro nije donela,
A, posebno, osveta.
Ali nas sve ono loše
U jednom trenutku otrezni.

Više ne razmišljamo
I ne radimo
Onako kako smo to,
Koliko do juče,
Činili i, neretko, grešili.

Vraćanjem u prošlost —
Tamo i ostajemo,
Večito pateći.

Okreni novi list
Na kom ćeš ispisati
Neke nove radosti,
Neke nove ljubavi.

Glas razuma
Iz tvoje duše sada zbori.

U nečem novom i tebi važnom
Pronađi smisao i spas
Jer, uprkos svemu,

Život teče dalje!

KADA DUŠU UMORIŠ

Kada srce i dušu od svega lošeg umoriš
Za trenutak prestaneš da hodaš i da se boriš

Misli preusmeri ka dobru i svemu onom lepom
Nipošto ka lošem, vođenom ljudskom pohlepom

Jer ona nije deo tvog plemenitog i velikog srca
Jer to ne ide uz jednog takvog ratnika i borca

Sačuvaj onu vrednost, poštenje i ljudskost u sebi
Da u jednom momentu, neočekivano, patio ne bi

Kada se umoriš i odbaciš sve karaktere sirove
Hrabro ustani i voli, kao što cvet voli leptirove.

IVO TORBICA

HILJADU ŽELJA

Hiljadu nekih naših želja i snova je ostalo
A od onih najlepših se za trenutak odustalo

Jer nije došao pravi trenutak i vreme
Kad nam životi probleme dopreme

Ali — odustati od snova nikada ne smeš
I od svega lošeg moraš da se odupreš

Jer najbolji ratnik se bori do samoga kraja
Kada uspeh slavi i sve pobede nabraja

Nema toga što za tebe nije nemoguće
Iako su česta lutanja koja vode u bespuće

Noseći veliki štit ljubavi, veruj u svoje stavove
Mada će te napadati, ne poklekni i kopaj rovove

Uporno se brani od svake nepravde i zla
Koliko god te pakost drugih za srce grizla

Svaku od onih hiljadu želja konačno ostvaruj
A viteško srce i dušu dobrim delima ohrabruj

Jer veliki si onoliko koliko izdržiš u teškoj bici
Kada tvoj put budu krasili pobede i poneki gubici.

KADA SREĆA SVRATI

Nakon rana i padova,
Sreća zna da iznenadi i svrati.
Prkosi svemu lošem
I tuzi zbogom govori.

Mirnim koracima
Ulazi u tvoj život
I tu, konačno, ostaje.

Društvo joj pravi radost,
Koja bi preko reda htela,
Jer želi zaceliti rane.

A tu je i optimizam,
Koji tuzi vrata zatvara,
I briše bol i suze
Na tvom umornom licu
I ranjenom srcu.

Na kraju stiže i nada,
Donoseći neke vedrije dane,
A sa njima i ljubavi nove!

KADA MISLI SLETE

Kad u ovu glavu lepe misli slete
I sa njima nove radosti dolete

Srce, poput najlepše igre, zapleše
Jer u dušu nove nade uleteše

Optimizam se, najednom, probudi
Ne stežući više kameno srce i grudi

Jer on je taj koji nas vodi i pokreće
I naš životni put, najzad, preokreće

Sada se ovo biće opet životu raduje
Dok u njemu sreća vlada i caruje

Takve misli su mi uvek dragi gosti
I neka samo sleću, do beskonačnosti!

DOK TRAŽIMO SREĆU

Dok uporno tražimo radost i sreću,
Okreni se. Možda su baš pored tebe.
Jer lepi trenuci ne traže pažnju veću,
Kada se zraci sunca jutrima ugrabe!

U tom traženju, ne znamo šta imamo,
Ono naše, što čuvamo u velikom srcu,
Što kroz čitavo telo i biće prožimamo,
Svojstveno svakom detetu, ženi i muškarcu.

A to su iskrene emocije, pažnje i ljubavi,
Ispunjene danima radosti i čestog smeha.
Jer život nastoji da se samo lepim bavi,
Kada se, konačno, oslobodimo svega lošeg
I svakoga greha.

Najveća sreća je, upravo, ona u nama,
Iako, često, na nju znamo da zaboravimo.
Ona je u čistoj duši i ljudskim bistrinama,
Kada živeti, uz široke osmehe, nastavimo.

TRAŽI

U ljudima traži samo onu stranu bolju i lepšu,
Kako duša ne bi patila i tvoje biće izjedala.
Dozvoli da ti u ranjeno srce reči ljubavi dojašu,
Kako bi na krilima radosti sreća uvek odsedala.

U svom letu nekih novih želja, čekanja i nadanja,
Ne gledaj nikog sa distance i neke velike visine.
Živi mirno, bez uzaludnih ratovanja, boli i laganja;
Bez turbulencija, uz više empatije i ljudske čistine.

Život je suviše kratak da bismo drugima činili zlo,
Jer obični smo putnici i gosti na ovome svetu.
I zato, da te ne bi nikada ništa mučilo i grizlo,
Raduj se i voli. Odbaci od sebe mržnju i osvetu!

BUDI UVEK PRVA

Budi uvek za primer i u svemu svom prva
Ljudska veličina i nikada karakterna mrva.

Za borbe i izazove uvek rada i spremna
A u svemu što radiš normalna i prizemna.

Tvoje postupke samo ljubav i iskrenost krasi
Kao odgovor toj prosečnoj i zluradoj masi.

Drugima u svakoj prilici pritekni i pomozi
Dok se tvoja duša sebičluku redovno grozi.

Tvoje meko srce je za druge veliko dovoljno
A biće ispunjeno srećom, radošću i zadovoljno.

Ostani uvek takva kakva, zapravo, jesi
Dok tvoju ličnost oslikavaju dobrota i osmesi!

MOLITVA

Molim se, sklopljenih ruku, pred svecima,
Za sve one koji, pateći, proliše reku suza,
A koji se nadaju novim počecima.

Molim se, očiju zatvorenih, dok uzdišem,
Za sve one koji posle pada kreću u borbe,
Nikada odlučnijim napadom i jurišem.

Molim se, i ne štedim reči u svojim mislima,
Namenjenim svim voljenim i dragim ljudima,
Utkanim u duši i sa svojim srcem sraslima!

OLOVNE GODINE

Kad osetiš da su ti teški i nepremostivi dani,
Nade, planovi, verovanja i poverenja izdani,
Okreni neki novi list nade i optimizma
I gledaj oko sebe sa manje konformizma.

Jer život nije satkan od savršenih niti,
Koje će sve tvoje želje i snove ispuniti.
Možda samo neke, tebi lepše i draže,
Čak i one radosne, kada oči od sreće navlaže.

Ali godina zna da bude i te kako olovna,
U čežnjama više usidrena, nego pustolovna,
Poput kakve velike i neudobne životne barke,
Sa dosta nemira, tuge i neizostavne čarke.

U tim časima, telo ne sme da ti pada i klone,
Iako, ponekad, senke boli i sete znaju da te gone.
Jer borac nikada ne ostaje na dnu i poražen,
Već biva na tronu, srećom i osmesima okružen!

Imajući sve ono bitno za šta si se kao lav borio,
Jer si se tako sa svojim srcem i dušom dogovorio.
Bez lažnih i nebitnih lica na sceni svog života,
U kom je tugovati i patiti nedopustivo i grehota!

LJUBAVLJU ISPUNJENI

Dok ljubav i pravda stanuju u tvome srcu,
Tvoje biće ne poznaje tugu i nesanicu.

Dan bez lepih misli je izgubljen dan,
Ispunjen prazninom, loš i bezvredan.

Svoju dušu kiti najlepšim mirisima radosti
I svom biću dopusti malo slobode i ludosti.

Jer život je jedan i nema mesta suzama,
Već koračaj njegovim najlepšim stazama.

Bez ljubavi nema ni povoljnih vetrova,
Niti svih onih, srećom ispunjenih, darova.

Ispuni srce i misli isključivo ljubavlju.
Raduj se svakom novom životnom poglavlju!

U OSINJAKU

Ne plaši se i nikada nemoj da strahuješ
Ako se ponekad nađeš u nekom osinjaku,
Onom istom, gde te reči i dela nekih ljudi,
Poput kakve oštre i opasne sablje režu.

Zapamti, neprijatelj je tada samo glasan.
Ali, ti se drži po strani, dostojanstveno,
Jer se ne plašiš njihovih silnih uboda,
Onih istih, koji bi najradije da te ućutkaju.

U trenucima, kada njihov napad krene,
Samo snagom duha i misli ćeš se izboriti,
Dok će njihovo zujanje biti sve glasnije,
Do momenta, kada se više neće čuti.

Muk će nastati, jer napadi će im biti uzaludni,
A njihove reči će otupeti od zarđalih misli,
Dok budu gledali ono što se slomiti ne može,
A to su tvoj karakter, čist obraz i mirna savest!

MILJAMA DALEKO

Kreni ka novom, jer je već minut do dvanaest,
I ne dozvoli da je žalost u tvom srcu gost čest.

Izgubljene bitke, sa svim zgarištima propalih nada,
Konačno ostavi za sobom, jer te čeka lepša ada.

Na njoj lepše ptice, koje neku veseliju pesmu poje,
Na mestu gde će neke nove radosti da se roje.

Ukrcaj se, najzad, na svoju lađu nekih lepših snova,
I moli se Bogu koji će ti doneti više radosnih činova.

Dok iza tebe ostaju talasi životnih nemira i srce meko,
Ti ubrzaj čvorove i budi od svega lošeg miljama daleko!

# IV

Na stazama detinjstva

NA STAZAMA DETINJSTVA

Vraćamo se, katkad, na staze detinjstva,
Našeg najlepšeg doba mladosti i herojstva,
Jer one su zaslužne za ono što smo sada,
Iako duša više nije tako sveža i mlada.

Uspomene i misli dozivaju doba mladosti,
Koje nisu poznavale pakosti i gordosti,
Dok su srca i duše bile čiste i nevine,
A dani ispunjeni mirisom dobra i jagorčevine.

Bez tih staza naših prvih koraka i odluka,
Kada nije bilo mnogo boli i duševnih jauka,
Mi smo samo obično ništavilo i praznina,
Ljudskog karaktera i vrlina — obična sitnina!

Na svem tom našem životnom putovanju i letu,
Kada duše samo najlepše sete i uspomene pletu,
Setimo se svega lepog i onog što je sreću tkalo;
Tog deteta, koje se igračkama igralo i skakalo.

POLJE IRISA

Poljem hodim, punim behara i carskog irisa;
Onom istom stazom nada, snova i mudrosti.
Na njima se uvek nadišem opojnih mirisa,
Jer me vraćaju u lepše vreme i dane mladosti.

U vreme većeg optimizma, daleko od starosti,
Kada duša nije bolovala, a oči nisu bile plačne,
Gde su godine trajale, skoro do beskrajnosti,
Kada ljudske duše nisu bile pakosne i mračne!

Na tim poljima, bez boli i ljudske okrutnosti,
Pored behara i irisa, obostrana ljubav cveta.
Dok je, uporno, miluju osmesi i bezbrižnosti,
Čista i nevina bića lete do kraja ovoga sveta!

Vraćaću se mirisnim poljima, sve dok živim;
Danima radosti, mirom i spokojem ovenčanim.
Čak i u ovim trenucima želim da ih proživim,
Makar u pustim snovima, mirnim i sunčanim.

DA MI JE
(Posvećeno rodnom gradu Mostaru)

Da mi je da vidim opet ono rodno polje
Na kom sam proveo neko srećnije vreme.
Dane lepe, bez velike brige i glavobolje,
A koji ispisaše najlepše životne poeme.

Da mi je da osetim hladnu zelenu reku,
Uz koju sam rastao i sa njom drugovao,
I da čujem iznova znanu dečju dreku,
Posle koje niko nije plakao, niti tugovao.

Da mi je da vidim stazu i kaldrmu staru,
A pored njih i brda, krš i sivi kamen.
Čak i pesnikovu baštu i kuću prastaru,
Koje u meni bude setu i snažan plamen.

Da mi je da pređem preko onog mosta
I njime svoju gladnu dušu i biće zasitim.
Jer njega mi nikada ne može biti dosta,
Hodajući stazama detinjstva, krševitim.

Da mi je da, bar još malo, osetim te lepote,
Makar na čas, trenutak ili sekundu jednu,
Jer srce želi da se nagleda i nasluša divote,
Kada misli, kao deca, pokraj mene sednu.

IVO TORBICA

SEOSKA SLIKOVNICA
(Posvećeno Vladimirovcu u južnom Banatu)

Ima jedno pitomo selo u mom prelepom Banatu,
U mojoj Vojvodini, bogatoj, širokoj i ravnoj.
U njemu najlepše i raskošne lipe mirišu i cvatu,
Gde skoro svaka ulica govori o istoriji slavnoj.

Kad prođeš selom, videćeš stare bunare lepe,
Ljude vredne, nasmejane i pomalo prkosne,
A koji samo dobroti teže i za poštenjem vape,
Bez ikakve zle namere i lažne reči, pakosne.

Mesto krase lepe kuće i dva ukrasna zvonika;
Duhovni dvorci, dva bisera, u plodnoj ravnici.
Oko njih se često čuju saksofoni i harmonika.
U njima brojne ljude dočekuju naši duhovnici.

Prođeš li centrom, videćeš školu i mlin stari,
Kao spomenik jedne, lepše i bogatije, prošlosti.
Na prilazu selu, često se sreću i vredni ratari,
Koji na njivama rade, skoro do malaksalosti.

Nešto dalje, iza ćoška, primetićeš neke vetrenjače,
Koje danju i noću skreću posebnu pažnju i pogled.
Ako si srećnik, videćeš, pored puta, vredne kosače
I od te silne lepote ćeš krenuti da se topiš, kao led!

Uporni će čak pronaći i železničku stanicu prastaru,
Pored nje spomen česmu i one lepe šljivike u daljini.
Odmah tu, ne možeš da ne primetiš, jednu školu staru,
Seoski park, pun dečje graje i smeha, u njenoj blizini.

Takvo je selo moje, usred ove divne peščare i ravnice.
U njemu svaka dina i grumen zemlje svoju priču piše.
Ono zauvek ostaje kao bajka, poput najlepše slikovnice;
Selo, koje mirisima ljubavi i ljudskom toplinom odiše.

NE DAJ NA BRATA

Šta god da se desi —
U sreći ili nesreći,
U slavlju ili tuzi,
U radosti ili žalosti —

Ne daj na brata!

Ne daj na svoje,
Jer ne znaš
Šta nose na duši,
Šta kriju u srcu,
Jer nisi u njihovim cipelama.

Oni znaju zbog čega nose svoj krst
Kao što i ti nosiš svoj,
Koji, neretko, nije lagan.

Često je težak, najteži —
Poput najveće stene.
Veliki je —
Poput najveće planine.
Gorak je —
Poput pelina.

MILJAMA DALEKO

Svoju čašu žuči
Svi katkad pijemo.
I, zato —
Ne daj na brata!
Ne daj na bližnjega svog!

Nisi kadar da sudiš bilo kome,
Jer, ti nisi Bog!

On je gore
I na njega drugima pokazuj prstom,
I to onda kada se na pravdu pozivaš,
Kada mu u tišini molitve šalješ —

One iskrene,
One čiste,
Za bližnje svoje,

Za svoju sestru,
Za svoga brata!

Svako bira svoj put
I zna zašto je baš njega izabrao.

Možda je nekad bio i pogrešan,
Ali, to su odluke —
Koje moramo prihvatiti,
Koje moramo poštovati,
Sa kojima se pomiriti moramo.

Ne daj na svoju krv,
Ne daj na brata i sestru,
Jer vi ste jedno —
Od iste majke,
Od istog oca.

Bez njih
Nećeš biti ni
Srećniji, niti
Spokojniji.

Naprotiv.
Gola smo sirotinja,
Gladni ljudskosti
I svega što nas čini

Onim čovekom —
Velikim,
Najvećim!

MAJCI

Kako vreme brzo prolazi i nepovratno teče,
Za tebe se sve više i u svakoj prilici molim.
Na kolenima, neretko, u molitvama klečim,
I sve što radiš ja duboko poštujem i volim.

Jer to najmanje, svojim delima, zaslužila ti si,
Iako su te skromnost i jednostavnost krasile.
I nikada karakterna mrva i nečovek bila nisi,
Dok su, često, tvoje nežno lice suze kvasile.

Pamtiću tvoje osećajno i nimalo škrto i jako srce,
Koje je za svakoga bilo dovoljno veliko i široko,
Dok u duši ostaješ zauvek, a u mislima duboko.

Za mene si bila i ostaćeš velika, ona najveća,
Kao simbol jednog hrabrog i ranjenog borca,
Ukras ovog mirisnog i ljubavlju ispunjenog dvorca!

OCU

Dok dišem i ovom crnom zemljom koračam,
Tvoj lik u mislima i dugom sećanju čuvam.
Pri pomisli na tebe, mogu samo da jačam,
I tvoje ime, neretko, u časima tuge dozivam.

Jer bio si moj oslonac i nesebična podrška,
Bez koje bi ove moje staze bile daleko teže.
Tvoje odluke nije obeležila nijedna greška,
Iako su, katkad, u tvoje telo zabadali bodeže.

Čak i u ovim časima, za mene si najveći heroj,
Ratnik, koji poraze i padove nikada nije prihvatao.
Neko, kome su godine predstavljale samo broj,
Neko, ko je ka svemu dobrom i ljudskom hitao!

Oče, bez tebe ovaj svet nikada neće biti isti,
Jer u svakom kutku tvoj lik iznova izranja;
Osoba koja je nalik najlepšoj i najvećoj bisti,
Dok ne prestaju tvojih mudrih reči citiranja!

DOM

Nasred trpeze je vruća pogača.
Odmah do nje, stoji sok od višnje,
Kao i omiljeni kolači od rogača,
Dok traje majčinog glasa slušanje.

U velikoj peći tiho pucketa drvo,
Koje najavljuje hladnije i kišne dane.
Otac, po običaju, nazdravlja prvo,
Izgovarajući glasno tople reči, birane.

Napolju se čuje lavež stare keruše;
U blizini i bogati cvrkut nekih ptica.
Sa njima pevaju naša bića i duše,
Kao i poslednja, na cvetu, latica.

Ispred kuće maše stara lipa, prastara,
Sa koje opadaju listovi, umorni i sivi.
Pored nje su orasi, kao i šljiva stara,
Kojima se uvek svako raduje i divi.

U ovom toplom domu ljubav cveta.
U njemu osmesi nikada prestati neće.
Nosiću ga u srcu, čak i na kraj sveta,
Na lađi, punoj sete, radosti i sreće!

V
Starimo i prolazimo

NIJE ŽIVOT STAO

Rodiš se
I udahneš život punim plućima.
Raduješ se svakom danu,

Ali mladost tako brzo dođe
I još brže prođe,
Dok još nisi ni trepnuo,
Dok mu još pošteno nisi rekao „Zdravo".

Hiljadu je želja ostalo —
Onih najlepših,
Onih najdražih,
Tebi, naizgled, neostvarivih.

Ali, ipak,
Za neke moramo sačekati
Neko drugo,
Neko lepše vreme,
Jer ovo sivilo im
Ne pruža šansu i priliku,
Ne da im mira!

Puštaš da ti duša luta,
Dok je telo umorno od svega,
Ponajviše od lažnih nadanja i očekivanja,
A najradije bi i ono lutalo,
Jer unutrašnje oluje i vetrovi su prejaki,
Nalik kakvom tornadu
Koji nam razara dušu i srce i
Ne da spokoja,
Ne da drugu priliku!

A toliko vape za tim —

Kao žedan vode,
Kao biljka sunca,
Kao ratnik pisma!

Neka te život
Opet zavede.
Dozvoli mu da te podseti
Da si živ
I neka ti pruži njegov najbolji deo.

Želiš njegove najlepše mirise,
Vence ispletene radostima,
Ukrašene smehom,
Okačene o zid tvoje duše,

Jer
Život nije stao!

MILJAMA DALEKO

Na pola puta si došao
I ne želiš stati,
Sad kad je najlepše,
Sad kad je razlog više nastaviti put,
Onaj najlepši,
Ispunjen novim nadama,
Očekivanjima,
Vencima ljubavi —

Bez gorčine,
Bez poraza,
Bez padova!

Izbori se za svoje vence sreće —
Za plamene strasti,
Za sve one pozitivne stvari,
Za jutra bez sete i tuge,
Za sve životne mirise,
Za spokoj duše i tela,

Jer to duguješ sebi
I svima onima kojima si bitan!

U tim najlepšim trenucima,
Seti se i onih najdražih
Koji nisu više sa nama.

Upali im sveću
I čuvaj ih u lepom sećanju.
Prolij neku čašu vina —
Onu čašu, namenjenu svima njima.
Otrgni ih od zaborava!

I zato,
Udahni život punim plućima
Kao onog dana
Kada si se rodio,

Jer
Život nije stao!

BORE NA LICU

Ne plaši se bora
Na svom umornom licu,
Jer su one svedok svega
Što si u životu proživeo.

One su pokazatelj vremena
Koje je ostalo iza tebe,
A koje i dalje teče,
Bar za sve one srećnike,
Jer neki uvenu,
Ni ne dočekavši ih.

Lepo je kada starimo
I proživimo
Kako dobre,
Tako i one loše stvari,
Jer život nije med i mleko.

Svaka naša bora
Nosi neku svoju priču
I rado bi progovorila
Kad bi mogla.

Svaka je zauzela
Svoje počasno mesto
Na našem licu.
I tek će!

Svako izborano lice je
Izmučeno.
Lice koje je mnogo toga
Videlo i proživelo.

Svaka ta bora predstavlja
Radosti, tuge, ali i
Mnogo ostavljenih godina
Iza svakog od nas.

Neka ih.
Neka ne smetaju.

Jer, mesto im je
Upravo tu —
Na našim licima!

Kao kakvi spomenici,

Koji podsećaju,
Koji opominju!

ODRAZ U OGLEDALU

Kad god vidiš svoj odraz u ogledalu,
Zastani.

Pogledaj sebe u oči,
Pogledaj svoje lice.

Da li je to dobro poznato lice,
Kao suza, čisto?

Da li je taj pogled,
Kao izvorska voda, bistar?

To je ono što je tvoja najveća vrednost i
Nešto čime si se oduvek ponosio.

Zastani na trenutak
I dobro sebe pogledaj.

Nadaj se licu —

Nevinom,
Poput tek rođenog deteta,

Mirišljavom,
Nalik mirisu tek pokošene trave.

Iako se bore nižu
I nestaje mladost i svežina,

Ono mora ostati neukaljano,
Čak i u situaciji kada ti sreća kaže „Ne!".

Jer izazova će uvek biti,
Ali ne smeš sebe dovoditi u iskušenje
Da braniš svoju čast, ljudskost i ugled.

Svemu lošem moraš odoleti
I iz svega negativnog izvući samo najbolje.

Sve ono loše, bez oklevanja,
Okreni u svoju korist!

U zlu i nevolji čini samo ono
Na šta ćeš biti ponosan,
Kao i tvoji najdraži,
Ne povredivši nikoga,
Ne radeći ništa loše,
Kako jednog dana zažalio ne bi!

To lice u odrazu ogledala
Ne sme postavljati pitanja
I dovoditi sebe u večite dileme i
Bezizlazne situacije.

U njemu ne sme biti suza, plača,
Niti kakve tuge ili razočaranja.

Na njemu ne sme biti nikakvih maski,
Koje bi krile tvoj pravi i iskreni pogled.

A zašto bi bilo lažnog sjaja?
Čemu kriti to lepo i čisto lice?

Zarad koga?
Zarad čega?

Imaš toliko vrednosti i kvaliteta
Na koje si ponosan i
Koje si mučki izgrađivao
Tokom čitavog života.

Pravdom i istinom se vodi kroz život,
Kako taj odraz ne bi bio mutan,
Prepun pitanja, slutnji i duševnih nemira.

U tom odrazu nastoj da vidiš lice
Koje će uvek voleti sebe i sve one koje mu se
Pri svakom susretu i situaciji vesele i raduju.

Samo srećni i ljubavlju ispunjeni,
Bez kakvih okova na srcu i svojoj duši,
Možemo sebi i drugima pomoći!

OD ROĐENJA DO SMRTI

Od rođenja, pa sve do smrti,
Gledaj da uvek svoj put sam biraš i gradiš,
Oslanjajući se najviše na sebe!

Jer sebi si najveći prijatelj, ali i neprijatelj,
Ako kreneš pogrešnom dolinom svog života.

Svoje životne staze dobro utabaj
Mirnim i stabilnim koracima
I koračaj ponosno!

To putovanje dobro planiraj
I drži se isključivo sredine,
Koja je za tebe najsigurnija.

Ne živi u prošlosti.
Ona je tu —
Da bismo od nje nešto naučili,
Kako ne bismo pravili iste greške!

Ne živi u prošlosti,
Ma koliko ona bila lepa.

MILJAMA DALEKO

Gradi svoj život
I uvek planiraj budućnost
Za sebe i svoje voljene,
Dok dišeš punim plućima,
Sada,
U ovom trenutku!

Ne plaši se godina i starosti,
Jer svi treba dostojanstveno da starimo
I ispunjavamo svoje živote,
Isključivo radošću i veseljem!

Svakim jutrom, raduj se —
Novom danu,
Sunčevom zraku,
Žuboru reke,
Cvrkutu ptica i
Mirisu života.

DUŠA

Poput najlepšeg anđela, tvoja duša leti;
Na visinama, ka nebu, iznad samih oblaka.
Čak i preko mora, okeana, pustinja i goleti,
Nakon svih tvojih poraza, pobeda i bitaka!

Iako je telo umorno, duša je uvek radosna,
I ništa je u namerama pokolebati ne može.
U tom svom letu, ona je nimalo zla i pakosna,
Dok se njena putovanja neprestano množe!

Iako je biće usporilo, duša ubrzava svoj hod;
Ona ne poznaje klonuće i uvek stremi ka sreći.
Čak i kada napusti telo i ovozemaljski brod,
Raduje se novom letu, većim plamenom goreći!

U svojoj besmrtnosti, ona zauvek ostaje večna,
Jer sve, poput jave i sna, dođe i najzad prođe.
Ali, ne i duša. Ona ista, bezgranična i čelična —
Utkana u ove zvezde, plavo nebo i nebeske lađe!

Da li vredi rizikovati?
Da. Vredi.
Treba se samo usuditi.
Vredi pokušati.
Uporni pobeđuju,
kao i oni što su imali nešto više
znanja i sreće.

*Dok se ne oslobodimo okova iz prošlosti,
neće nas čekati sadašnjost,
niti budućnost.
Ono što nas muči i mori
pokušajmo ostaviti za sobom
i okrenuti neki novi i lepši list života,
ispisan najlepšim stihovima i notama.*

SAMO NAM JE LJUBAV POTREBNA

U pesmi je grli bledi mesec. Ona je najsjajnija zvezda severnog neba. Pokazuje nam put u tamnim noćima. Danica — najpoznatija i najopevanija zvezda, obasjava Zemljane svojom čudesnom svetlošću, sluša njihove ljubavne jade i čuva tajne.

Venera — najsjajnija planeta. Tanka je nit između Venere i Danice. Ako Venera izlazi pre Sunca, nazivaju je Danica; ako izlazi posle Sunca, zove se Večernjača. U oba slučaja zajednički imenilac im je sjaj, blještavilo, smiraj...

Venera je i rimska boginja ljubavi i lepote, majka rimskog naroda. I smrtnici i bogovi za njom su uzdisali. Neki nisu smeli ni sebi da priznaju ljubav koja je unapred bila osuđena na propast. Zato je ljubav ostajala skrivena u srcu. A srce nas, kao i zvezda Danica, vodi na pravi put. Zato je Danica, koja nas usmerava i vodi, kao *LJUBAV — NAŠA ZVEZDA VODILJA*.

To je naziv prvog poglavlja u novoj zbirci pesama *Miljama daleko* našeg mladog pesnika. Naziv je originalan, simboličan, smislen i lep.

Naš poeta, Ivo Torbica, vičan peru i stihovanju, oslobađa duh, misao i pohranjena osećanja. Slobodnije o njima piše i otvara oči nama, čitaocima i poštovaocima njegovog dela. Istovremeno, Ivo sazreva u književnom izrazu. Postaje smeliji, a njegov književni izraz bogatiji. Ipak, ostaje veran svom prepoznatljivom stilu. Piše pitko, suptilno, jasno, bez dilema i ustezanja. Ljubav je potka njegovog života. Iz te potke je sazdan on i njegov život.

Ovozemaljski svet muče razna pitanja. Nepronađeni odgovori proganjaju većinu njih.

U NOĆIMA BEZ SNA javljaju se nemiri. I ti nemiri opet su dobrim delom vezani za ljubav i dileme o svetu. Prvo i drugo poglavlje su usko povezani. Ljubavni nemiri i čežnja za ljubavlju osnovni su motiv ovog poglavlja.

Lepše je u svetu snova,
Dok javu odavno krasi bespuće.

Patnju jedino ljubav savladava.

Treće poglavlje daje svima nadu: *OPTIMIZAM JE MOJ PRIJATELJ*. Pesnik nas poziva da maštamo zajedno sa njim:

Zamisli neki svet novi,
Koji samo radost pruža,
Gde ljudi sreću dele,
Uz mirise najlepših ruža.

Poziva nas da gradimo neki novi, bolji svet:

*U tom svetu sve je čisto,
A najviše ljudske duše.*

Sklopila sam oči pod utiskom ovih stihova i uspela da utonem u taj novi, bolji svet. Uspelo mi je. Pokušajte i vi!
Naš pesnik, baš kako i treba, pravi razliku između duha i duše, iako su naizgled ove dve reči slične. No, suština udaljena. Duša je naš pogled na svet. Duh je nešto izvan svetovnog. To je viši nivo koji govori o našem skladu sa onozemaljskim, o sjedinjavanju sa Bogom. To su nematerijalne stvari koje čovek ili poseduje ili ne poseduje u sebi. Dobar deo tog saznanja dobijamo kroz mleko kojim smo zadojeni, od porodice iz koje smo potekli, od vaspitanja kakvo smo imali. Nemaju svi ljudi ni duh ni dušu. Ima samo mali broj odabranih.

Pesnik završava svoju zbirku poglavljem *NA STAZAMA DETINJSTVA*.
„Detinjstvo je otac čovekove ličnosti", reče mudrac, psihoanalitičar Sigmund Frojd. I tu ćemo se naći na *Poljima irisa* u *Seoskoj slikovnici* uz *Majku*, koja nam daje život i koja je uvek uz nas. Koja ima opravdanja za sve naše grehe i čiji smo deo duše, duha i srca.

A onda *STARIMO I PROLAZIMO*, svesni svog odraza u ogledalu, bora na licu...
Ali, ne stare i ne prolaze naša dela.

SAMO NAM JE LJUBAV POTREBNA

I tako se pojavi na književnoj sceni
Veliki čovek koji stihom pleni.
O njemu ćete saznati više
Tek kad pročitate ono što piše.
O ljubavi, o radosti, o ranama,
Razmišlja mladić svakoga dana.
Boli ga neljudskost i nepravda...
Ipak se boljim danima nada.
Carstvo je njegovo olovka, knjiga,
A u tom svetu prestaje briga.

U Valjevu, 31.1.2022.

Lucija Tasić
Srodna pesnička duša

BELEŠKA O PESNIKU

Ivo N. Torbica rođen je 1981. godine u Mostaru (Bosna i Hercegovina). Po obrazovanju je profesor razredne nastave i master — diplomirani inženjer menadžmenta. Član je Udruženja tehničara i inženjera Srbije od 2019. godine, Sveslovenskog književnog društva u Beogradu od 2021. godine, Međunarodnog udruženja književnika i umjetnika „Gorski vidici" od 2022. godine. Izdao je zbirku pesama *Gladni čoveka* 2021. godine. Njegove pesme su našle svoje mesto u nekoliko književnih zbornika, kao i u elektronskom časopisu „Slovoslovlje". Redovno učestvuje na književnim večerima u Beogradu i šire. Trenutno živi i radi u Vladimirovcu.

SADRŽAJ

I Ljubav je zvezda vodilja

ZAKUCAJ..............9
LJUBAV..............11
LJUBAVNA PESMA..............12
KOSA..............13
NIKADA PREVIŠE..............14
VIDIŠ LI..............15
ZAGRLI ME..............16
NE GOVORI..............18
POTRAŽI ME..............19
OTKRIJ MI SVOJE TAJNE..............20
NE SKRIVAJ LJUBAV..............21
TRENUTAK SAMO..............22
AKO JE GREH VOLETI..............23
DVOJE..............24
AKO TE NAPUSTE SVI..............25
U SVOM SRCU..............26
JOŠ TE OSEĆAM..............27
KORACI U NOĆI..............29
U NAŠIM NOĆIMA..............30

SADRŽAJ

U DUGIM VEČERIMA.............31
NA KRILIMA LJUBAVI.............32
KAKO DA TE NE VOLIM.............33
NE VERUJ.............35
NA TVOM PRAGU.............36
PAMTIŠ LI.............37
KADA SUZA NE BUDE BILO.............38

II U noćima bez sna

DOĐI.............41
NA MESTIMA LJUBAVI.............42
U SMIRAJ DANA.............43
UZALUD.............44
KASNO JE.............45
U OSVIT ZORE.............46
ODLAZIŠ.............47
DOK ODLAZIŠ.............48
POZDRAVI U NOĆI.............49
BEZ TEBE.............50
VIDIM TE.............51
POMISLI NEKAD NA NAS.............52
BALADA O NAMA.............53
NIKADA NEĆEŠ ZNATI.............54
NIKADA ZAJEDNO.............55
PIJEM.............56
U NOĆIMA BEZ SNA.............57
U SNOVIMA.............58

SADRŽAJ

ZVEZDA PADALICA..............59
GDE SI, MOJA DRAGA..............60
NEMA NAS..............61
BOLIŠ..............63
NADE UMIRU POSLEDNJE..............64
KADA LJUBAV PROĐE..............65
BAŠ NEĆU..............66
NA PUČINI..............68
TUŽNA JUTRA..............69
POSLE TEBE..............70
OSEĆAM..............71
ŠTA TI ZNAČIM JA..............73
DA SI TU..............74
SUZE..............75
JOŠ ŽIVIŠ U MENI..............76
RAZGOVOR SA MISLIMA..............78
JESENJE KIŠE..............79
ZAUVEK TVOJ..............81
ZA KRAJ..............82
IZGUBLJENI..............83
KAKO DA TI KAŽEM..............84
PUTUJ..............85
POSLE MENE..............86
ZASTAVA SREĆE..............87

SADRŽAJ

III Optimizam je moj prijatelj

ZAMISLI............91
RADUJ SE............92
TAKO MALO TREBA............93
ZAROBLJEN............94
KAD SKLOPIŠ OČI............95
NE OSVRĆI SE............96
AKO TI ŽIVOT DODELI TUGU............97
SVANUĆE............98
OSMEH NABACI............99
ZAŠTO............100
PAMTIM............101
VERUJ............102
SREĆA............103
SNAGOM LJUBAVI............104
STANI............105
SVEMU DOĐE KRAJ............106
NE ČEKAJ............107
U VOZU NOVIH RADOVANJA............108
KAMEN OKO VRATA............109
NE BEŽI OD SEBE............110
KAO PTICA NA SLOBODI............111
KADA SE SETE PROBUDE............112
VOŽNJA LJUBAVI............113
NA SVOM PUTU............114
NE DOZVOLI............115
ZAIGRAJ............116
TRAGOVI............118

SADRŽAJ

NIKADA NIJE KASNO............120

ŽIVOT TEČE DALJE............121

KADA DUŠU UMORIŠ............123

HILJADU ŽELJA............124

KADA SREĆA SVRATI............126

KADA MISLI SLETE............127

DOK TRAŽIMO SREĆU............128

TRAŽI............129

BUDI UVEK PRVA............130

MOLITVA............131

OLOVNE GODINE............132

LJUBAVLJU ISPUNJENI............133

U OSINJAKU............134

MILJAMA DALEKO............135

IV Na stazama detinjstva

NA STAZAMA DETINJSTVA............139

POLJE IRISA............140

DA MI JE............141

SEOSKA SLIKOVNICA............142

NE DAJ NA BRATA............144

MAJCI............147

OCU............148

DOM............149

SADRŽAJ

V Starimo i prolazimo

NIJE ŽIVOT STAO............153

BORE NA LICU............157

ODRAZ U OGLEDALU............159

OD ROĐENJA DO SMRTI............162

DUŠA............164

SAMO NAM JE LJUBAV POTREBNA............169
BELEŠKA O PESNIKU............173

Ivo Torbica
MILJAMA DALEKO

London, 2024

Izdavač
Globland Books
27 Old Gloucester Street
London, WC1N 3AX
United Kingdom
www.globlandbooks.com
info@globlandbooks.com

Lektor i korektor
Dragana Stefanović

Recenzent
Lucija Tasić

Naslovna fotografija
Elly Endeavours
(https://unsplash.com/photos/
a-bench-in-a-park-gyQCMhUYPLQ)

www.ingramcontent.com/pod-product-compliance
Lightning Source LLC
Chambersburg PA
CBHW052132110526
44591CB00012B/1692